ムダ仕事も
悩む時間もゼロにする

GPTs ライフハック

GPTs Hacks to Eliminate Waste in Daily Life and Work

横須賀輝尚（著）
灰藤健吾（監修）

技術評論社

はじめに

「ねえ、ボクたちと友だちになろうよ！」

プレゼン資料を作らなきゃいけないのに、アイディアが浮かばない。そこでIQ300の天才が「君のプレゼン、ボクならこう考えるね」と自分に合った斬新なアドバイスをしてくれる。

「今後のキャリア、どうしようかな……」と相談すれば、従順なメイドが「御主人様に最適なキャリアプランは次のとおりです」と自分の過去のキャリアとスキルを踏まえた提案をしてくれる。

なんとなく、ものさみしい。そんなとき、「あなたをよく知っている」友だちといつでも会話ができる。

こんな存在がいたら、仕事も生活も豊かになると思いませんか？

もちろん、生成AIも全知全能の神ではありません。「回答が一般論で使えない」「プロンプトを入れるのが面倒くさい」……「生成AI使えない論」も、世の中にはたくさん存在します。でも、生成AIの欠点のほとんどを解決し、「Hack」と言えるような成果を出せるしくみがあるとしたら、どうでしょう？　使わない理由はないですよね。

その仕組みが、本書で説明する「MyAI」。もう長文プロンプトを探す必要もありません。健康にも、趣味にも、雑談にも、「あなただけの相棒」を作れるのです。さらに本書で説明する「キャラGPT」を使えば、その効果は倍増します。

申し遅れました。私は本書の著者の横須賀輝尚と申します。本業は、士業向けの経営コンサルタント。エンジニアでもなければ、理系出身でもありません。

「そんな人物がなぜ生成AIの活用を？」と、思われる人も多いと思います。私はブームに火がついた2023年から、生成AIの活用について研究と実践を行い、顧客に成果を伝えてきました。そして、

・「MyAI」を通じて作った提案で、100万円を超える案件に成功した
・「MyAI」に相談した結果、新しい視点で提案ができ、顧問契約を獲得できた
・「MyAI」を使ったブログやSNSの執筆で、集客につながった

などの結果を得ることができたのです。繰り返しになりますが、私はエンジニアでも理系出身でもありません。だからこそユーザー側の視点から、本当に欲しいAIを研究し、伝えることができました。

あなたの仕事も生活も、きっと豊かになります。ただ、こういうのって体験してみないとわかりません。

立ち読みしている人は、本書に載っているQRコードからひとつ読み取って、「MyAI」を体験してみてください。この本を買わずにいられなくなりますから。

パワーコンテンツジャパン株式会社
代表取締役　横須賀輝尚

第 1 章

GPTsが起こす革命

―AIを唯一無二の相棒にする―

まだ一部の人しか知らないChatGPTの先にある真価

●「MyAI」という新発想～あなた個人に特化した相棒AIを作る

「こんなことが実現できるのですか?」
「本当に私のこと、よくわかってる!」
「まるで自分で書いたみたいだ……!」

これは私が考案した「MyAI」を使った人の感想の一部。「MyAI? 何か製品を売りつけようってこと?」いいえ、違います。**「MyAI」とは、「あなた特化、あなた専用、あなたのためだけのChatGPT」をあなた自身で作り上げるための、方法の名前です。**

たとえば、なんだかよくわからないけれど、仕事のモチベが上がらないとき。MyAIに

「私のモチベーションの上げ方を教えてください」と聞けば、あなたに最適な方法を教えてくれます。ほかにも、新しい職場に転職したときなど、仕事で緊張してしまうようなとき。MyAIに「私が仕事でしやすいミスは、どんなミスですか?」と聞けば、あなたが失敗しやすい傾向を教えてくれる。

これだけじゃありません。MyAIは、これまでChatGPTが大得意だったジャンルでも、さらなる応用を生み出すことができます。たとえば、打ち合わせの内容を要約したり、翻訳したりは、生成AIの得意分野でした。そこでMyAIを使えば、要約した内容から、さらに「あなたの立場を考慮をしたうえでの、顧客に対する提案やアイディア」なんかも考えてくれます。

あなたの抱える悩み、タスク、なんだかめんどくさいなぁ……そのほとんどのことが超速で解決できるようになるのです。堂々巡りしていた悩みには、明確な正解が出てきます。時間がかかっていた書類作業も一瞬で終わります。ビジネスでも生活でも、あなたの問題や課題の解決は劇的に早くなります。

さらにいえばビジネスでの活用に限らず、友だちだって作れます。たとえば、「今日、登山に行ってきたんだよね」と入れれば、「そうなんだ! いつもいく御岳山? それとも高尾山？　それとも違う山に行ったのかな？」なんて、自分のことを踏まえて答えてくれます。

しかも、深夜に話しかけようが早朝に話しかけようが、怒られることもありません。笑顔で対応してくれます。給与も残業代も支払う必要がありません。24時間、365日。あなたの相棒となってあなたの生活を豊かにしてくれる存在。それがMyAIなのです。

●「ChatGPT」「Gemini」「Claude」……どれを使えば正解？

本書ではこれから、「MyAIを通じて仕事を効率化させる／生活を向上させる」、具体的なやり方をお伝えしていきます。ですが、MyAIの前提である生成AIについて何も解説しないのも不親切なので、これだけ！　というものをかんたんにお伝えします。

まず生成AIとは、世界中のウェブサイトから知識を学んだとても賢い存在で、**画像やテキストなど、さまざまなものを生み出す（生成する）ことができます。**何かを聞けば必ず何かを返してくれるし、こちらが用意したテキストを要約したり、翻訳したりもできます。

有名な生成AIとしては、OpenAI社の「ChatGPT」、Google社の「Gemini」、Anthropic（アンソロピック）社の「Claude」、Perplexity社の「Perplexity」などがあります。……そして頭に入れたい知識としては、たったこのくらいで十分です。

重要ポイントは、「生成AIの本質はどれも変わらない」ということです。チャット形式で、メッセージを送れば何かしらの回答をしてくれる。時にはイラストも作ってくれる。図版も作ってくれる。つまり「こちらから情報を送れば、その情報を元に考え、何かをしてくれる」という基本は何も変わりません。もちろんそれぞれのモデルについて、性能の差などは若干あります。たとえば、トークン（入力・出力テキストの量の単位）に関していえばGeminiが本書籍執筆時ではダントツ1位です。ただし2024年現在、生成AI開発会社はこぞって競争を続け、ある日は「Geminiが最強！」と言われたり、またある日は「これからはClaude一択」。あるいは「Perplexityの新機能がヤバい」などと、日々その評価は変わっています。これからもきっとさまざまな変化や進化があるでしょうし、評価もその都度変わるでしょう。トークンだってそのうち、ChatGPTが抜いたり、ほかの生成AIが抜いたりも間違いなくおこります。

つまり、どれが優れているとは一概にいえないのです。いまもこの時間にまた評価はひっくり返っているかもしれない。そのくらい、生成AIに関しては情報のアップデートが日々行われているのです。

このようなことから、細かい仕様に関してはあまりこだわる必要はないと考えています。生成AIや、それを使ったサービスは次々と登場しますが、それらすべてにちゃんとついていく必要もありません。現時点ではUI（ユーザーインターフェース：見た目）が好きなものを選べばよい、というのが私の考えです。私はOpenAI社のChatGPTのUIが好きで、また生成AIを「MyAI」にするには、後述するChatGPTの「GPTs」という機能がもっともやりやすいと考えています。よって、本書で解説する「MyAI」もGPTsを使って解説していくこととします。

MyAIによって、あなたが「ChatGPTを使えない理由」はすべて覆る

ところで、あなたは今現在、生成AIを日々どのくらい使いこなしているでしょうか？「バリバリに使っています！」という人は、まだそんなに多くないのではないかと思います。生成AIについては、以下のような「使えない論」を持っている人たちが、多く存在する

ようです。

・AIは一般論しか言わないから使えない
・AIに入れるプロンプトが難しくて覚えられない
・AIが言うことは間違いだらけだから使えない
・そもそもどんなことに使えばいいのかわからない

インターネットしかり、スマートフォンしかり、新しい技術が出てきても、人はそれをなかなか素直に受け入れられず、普及するまでには長い時間がかかるもの。でも、上に挙げたような理由からAIを触らない、使わないでいるのはとてももったいないことです。

ということで、これらの「使えない論」に関して私の考え。そして、生成AIを使った「MyAI」がどれだけ「使える」のかを、ここから紹介していきます。

AIは「一般論しか言わない」から使えない？

生成AIの「使えない論」の中でも多いのが、「回答が一般論しか出ない」「細かいところは専門家に聞かざるをえない」というものです。

たしかに、質問に対して出力される回答は、どこかで聞いたことがあるような一般論であることが多いです。生成AIが一般論しか出力しないのは、理由もあります。生成AIは世界中のウェブサイトから事前学習をしていますが、個別具体的な記事から引用して回答すると、著作権侵害の恐れがあります。そのため、回答は一般化して出力されるようになっているのです。ただそのぶん、質問にあった個別詳細な回答を得ることができず、「使えない」という人がいるわけです。

これには、考え方がひとつと、対応策がひとつあります。

まずは考え方から。「AIは一般論しか言わない」とはいえ、設計思想から外されているもの（犯罪やアダルトなものなど）以外は、すべてのジャンルについて回答してくれます。つまり逆にいえば、**一般論に関しては最強**なのです。どんなジャンルについてでも、いつどこで聞いても、80点程度の回答はしてくれる。脅威のオールラウンダーだと考えると、優秀な相棒に見えてきませんか？　これは人にはできない、AIの大きな強みです。たとえば私は経営コンサルタントとして約20年活動しており、それなりの知識や経験を積んできました。でも、総知識量でいえば、生成AIには1ミリも叶いません。そういう存在として捉えなおすと、AIはやはり優秀なのです。

次に対応策についてです。生成AIから出力される回答が一般論に偏るのには、実は「そういう風に調整されている」ということ以外にも理由があります。**それは、生成AIが「あなた」のことを知らないからです。**たとえば、「週末暇なんだけど、何か時間つぶしできる遊びはない？」と聞けば、暇つぶしに関してオールジャンルで考え、総合的な回答をしてくれます。出力される回答はショッピングかもしれませんし、スポーツかもしれませんし、またアウトドアかもしれないし、映画鑑賞かもしれません。でも、あなたがアウトドア派だったら、キャンプや登山、バーベキュー、クライミングなど、アウトドア好きの人のための提案をしてほしいですよね？　であれば、あなたのことを生成AIに教えてあげればいいのです。

あなたがアウトドア派で登山が好きだったら、その情報を入れる。八ヶ岳や穂高のような日本で高山と言われる山が好きなのか、それとも東京低山の高尾山や御岳山が好きなのか。日帰り登山が好きなのか、山小屋泊やテント泊が好きなのか。こうした情報を事前に入れておけば、「週末暇なんだけど、何か時間つぶしできる遊びはない？」と聞いたときに、真っ先にインドアな遊びが提案されることはないわけです（無理矢理聞くことはできますけど）。そしてまさにこれが、「MyAI」で解決できることなのです。

「一般論の回答」についていえば、この2点で解消されるはずです。そもそも、ここまで優秀な存在って、どこにもいないわけです。しかもあなたのことを教えれば、あなたに合った回答を出力してくれる。**生成AIの特性を好意的に捉えて使えれば、本当に頼もしく優秀な存在になるのです。**

なお、こうした「MyAI」的な使い方は、はじめて生成AIに触れる方のみならず、これまでGPTsを使ってきた方にとっても、なかなか新鮮なものになると思います。GPTsを使っている方の中でも、MyAI的にGPTsを使いこなせている人は多くありません。ぜひその発想を、本書でつかんでいってください！

●プロンプトが難しくて覚えられない？

生成AIが流行りはじめてからというもの、マスコミやメディア、コンサルタントは「プロンプト」に注目し始めました。**プロンプトとは、AIに対して人間が入力する、指示のための文章のことを言います。**「こんなプロンプトを入れれば、出力がうまくいく」「このプロンプトを使うのが有効」などと、プロンプトを重視する傾向が強く表れました。

さらに、生成AIコンサルタント的な肩書きを名乗る人が増えました。X（旧Twitter）などのSNSで「生成AIコンサルタント」と名乗るだけでフォロワーが増える。そのくらい生成AIはブームを起こしたのですが、こうした生成AIコンサルタントがよく行っているのが、「プロンプト集の配布」。「いいねとリポストでプロンプト集差し上げます」「LINE友だち登録で、プロンプト集あげます」などと言って、プロンプト集を配布しているのを見かけたことがあるかもしれません。

たしかに、プロンプト次第で出力される結果が違うわけですから、プロンプトは重要です。でも、プロンプトの雛形を集めることやその雛形を埋めることは重要ではありません。理由は大きく分けて3つあります。

ひとつは、プロンプトは一生懸命に作りこんだり、一度に大量項目を入れるべきものではないということ。 世間で配布されているもののプロンプト集のほとんどは「長文で作り込まれたプロンプト」で、いくつもあなたが埋めなければならない空白があったりします。しかし、生成AIの本質を踏まえると、プロンプトはシンプルにするほうがよいのです。

たとえば原稿を執筆してもらうのに、テーマ、ボリューム、テイストなど50項目に渡るプロンプトを一度に入れたとします。50個も指定をすれば、一度ですばらしい出力結果を出してくれるように見えますが、実際のところ生成AIに50項目も入れてしまうと、生成AIは出力の優先順位について混乱してしまうのです。

人間で例えてみましょう。あなたが優秀なビジネスパーソンだったと仮定します。そして、受発注確認の仕事を上司から依頼されました。この仕事のやり方が、厳密に指定されていたとします。雛形を使ったメール文をお客様に出す。納期の◯月◯日の◯時◯分に間に合うか、◯◯部署の◯◯氏に架電し、配送の確認を取る。納品書が滞りなく準備できているかも、また別部署に確認する。メモの形式にも雛形がある。お客様へのアフターフォローまでも仕事に含められていて、そのメール文にも雛形がある。

こんなに指示があったら、あなたもなにからどう手を付ければいいいか、混乱しますよね？ むしろ「受発注確認の件、うまくやっといてね」とざっくり言われたほうが、仕事をスムーズに終えられるでしょう。生成 AI と人間は同じものではありませんが、「指示は簡潔にしたほうがいい」という点では同じ。複雑な指示をもらったら、うまくできないのです。また、多数のプロンプトを入れることによって、各項目の出力量も少なくなってしまいます。そのため、30も40もの指示をすれば、それぞれの回答出力がひと言ずつしかない、ということもありえるのです。

２つ目の理由として、**すべての条件を毎回１からプロンプトで入れるのは、生成 AI を使う人間にとってもたいへんな作業である**、ということがあります。そもそも巷のプロンプトが長くなってしまうのは、「私はこういう仕事をしていて、仕事の補佐のために GPTs を使いたくて……」といった、事前情報まで含めて毎回入力させるものも多いからです。でも、そんなところまでプロンプトの形に整形して入れていたのでは、ものすごく手間がかかりますし、プロンプトが複雑になる結果、「雛形を一生懸命に埋めたのに、結局思うような出力を得ることができない」……というなんとも本末転倒な結果になってしまうこともあるわけです。

あなたの仕事内容、キャリア、資格やスキル……こうした情報を毎回プロンプトとして入れるのは、生産的だとは言えません。その点、**本書で伝えるMyAIのしくみは、こうした前提条件を一度入れれば、もう二度と同じ情報を入れる必要がなく、結果としてプロンプトの省略につながるのです。**

もうひとつの理由。実はこうしたプロンプト偏重の考えは、生成AIの良さを活かしきれないという盲点もあるのです。これはコロンブスの卵のような発想になりますが、**プロンプトは生成AIに考えてもらう方がかんたんで正確なのです。**

たとえば、何かしらのビジネス原稿を書きたいと考えたとき。プロンプト重視のやり方だと、原稿のテーマを伝え、ボリュームを指示し……と思いつくことを一度に入力していくことになります。そして出力結果を見ると、「あ！　文章テイストを指示するのを忘れた」……こんな風に、入れ忘れが出ることも多いでしょう。そこで、生成AIに聞くのです。

「これから、文章執筆のサポートをお願いしたいのだけれど、どのようなことを伝えればいいか、項目を教えて」

と。そうすると、生成AIはプロンプトを考えてくれます。あとはその項目に沿ってプロンプトを入れるだけ。「あなたがやりたいこと」を伝え、「そのためにどんなプロンプトが必要か」を聞けば、そのプロンプト（項目）は生成AIが教えてくれるというわけです。しかも、あらかじめ「あなた」の情報を生成AIに伝えておけば、ただ「サポートして」というだけで、あなたにとって最適な回答が帰ってくるようなプロンプトを考えてくれるのです。

これを知っていれば、プロンプト集なんて要りません。いつでも、効果的なプロンプトを生成AIが考えてくれます。プロンプト集をもらっても、どこに保存したかを忘れ、探すのに何十分もかかってしまった……なんてことにならないようにしたいですね。

真偽不明の情報だらけで使えない？

生成AIは、事実と異なる情報を生成してしまうことがある。これをハルシネーションと呼びますが、これも多くの「使えない論」を唱える人の生成AIを使わない理由です。確かに間違いを出力することもありますし、特に生成AIが世の中に出てきた頃はまだまだ間違った出力が多く、そうした出力内容をスクリーンショットでネタ的にSNSに投稿する、なんてことも多く見受けられました。

現在でも、生成AIが出力するのが100％正しい情報なのかと言われれば、そうとは言い切れない部分があります。しかし、これも考え方と捉え方の違いだと私は思うのです。

まず、たしかにChatGPTが登場した2022年11月から、世の中に広がり始めた2023年1月〜2月頃の内容にはひどいものがありました。現在存命中の著名な特定の人物のことを聞いても、戦国武将と紹介されたり、かなり不安定な出力状況でした。

しかし、生成AIが生まれてから約1年半。「まったく違う内容が出力された！」「意味不明な回答で使えない」なんて意見、聞かなくなったと思いませんか？　そう、**生成AIは**

常に進化しているわけで、精度は上がることはあっても、落ちることはないのです。

２０２３年1月。生成AIが世間で話題になり始めました。そのとき、前述のような「回答が一般論しかない」や「誤った内容が出力されることがある」という批判がたしかにありました。しかし、私は思ったのです。あの時点で、世界の中でも難しい言語といわれる日本語を理解し、日本語で回答しているのはすごいことなのではないかと。そして、同年3月にChatGPT3.5の後継として発表されたChatGPT4では、ChatGPT3.5の英語理解能力よりも高い日本語能力を持っていると知り、驚愕しました。

「細かい点は、いずれ修正されていく。小さな欠点にフォーカスすべきではない」私はそう考え、ChatGPTと生成AIの研究を続けました。結果として、その読み通り生成AIの回答精度は高まり、現在に至ります。繰り返しになりますが、進化することはあっても退化することはないわけです。そういう意味では、いずれこうした正誤や信憑性などについては、議論されなくなると考えるのが正しい理解だと私は考えています。

ちなみに、以前は「ChatGPTは、２０２３年4月までの情報しか学習していないから、最新の情報を聞いても嘘を吐くため、使えない」という論がありました。でもこれもいまでは、最新のWebをブラウジング（検索）してから回答できるようになり、批判材料ではなくなりました。

真偽の確認は現状、たしかに必要です。しかしながらそもそもをいえば、生成AIから出力されるものをそのまま何も考えずに使うのでは、人間が必要ではなくなってしまいます。あくまで出力されたものに対して、さらにいいものにするために人間が頭を使う。これが正しい考え方であり、捉え方なのだと私は思うのです。

どんなことに使えばいいかわからない？

2024年4月のFIXER社によるアンケート調査によると、生成AIを業務で活用していないビジネスパーソンの57％が「特に必要としていない」と回答し、23％が「どんな業務に使えばいいかわからない」と思っているそうです。

※生成AI「どう使えば良いかわからない」23％…日本企業の戸惑い浮き彫りに【経営者・管理職へのアンケート調査】
https://gentosha-go.com/articles/-/58973

これを見ると、「生成AIが使えない」というより、そもそもまだ「わからない」という声が多いことがわかります。用途がわからなければ、使ってみようとも思えません。「小説も書いてくれるそうだ」「イラストも描いてくれる」と言われて、すごいのはわかるけど、自分になんの影響があるんだろうか……？　というのが率直な感想なのでしょう。

この方たちに限らず、生成AIについて「使えない論」の提唱者は、まだその用途を知っていない、生成AIの良さを体感していないだけだと私は思うのです。いままであげたような論点も、その未体験の中で、なんとなく生成AIに脅威や嫌悪感を覚え、さまざまな視点から「使えない論」を論じているのではないかと考えています。この本を読んでいる人たちの中にも、まさにそんな「使えない論」が無意識に頭にある方もいるかもしれません。しかし、それらは今見て来たとおり、「MyAI」で解決可能です。また「どんなことに使えばわからない」から手に取っている人がいるかもしれません。本書ではそんな方にも向け、具体的なストーリーで活用例も示しながら、使い方を説明していきます！

GPTsがあなたの「MyAI」になるしくみ

●ChatGPTの「P」は、「Pre-trained」だけじゃない

MyAIの構築方法については第2章で詳しく解説していきますが、その前提となる「GPTs」（Custom GPT）について、前提情報を軽く解説しておきます。

意外と知られていないことなのですが、ChatGPTの「GPT」は、「Generative」、「Pre-trained」、「Transformer」と、それぞれの頭文字を取ったものです。Generativeはそのまま生成AIの「生成」。Transformerは、ChatGPTを作っている基盤モデルのことです。……今述べた2つを覚えてもらう必要はまったくありません。ポイントは「Pre-trained」です。

「Pre-trained」とは「事前学習」という意味です。ChatGPTはすでにお伝えのとおり、Web上から事前学習したデータを使い、あなたのプロンプトに答えています。一般論しか出力

されないという話がありましたが、それも当然。Web上に十分なあなたの情報はなく、ChatGPTはあなたが誰かも知らないのです。

知らなければ、教えればいい。これがMyAIの発想。事前学習だけが生成AIの学習ではないのです。あなたの仕事のことを教えれば、あなたの個別具体的な仕事についてのアドバイスをくれるし、健康データを入れれば、健康について教えてくれる。だから、重要なのはプロンプトではなく、あなたの情報を入れることにあるのです。

GPTsを使って、永久記憶を保持させる

ではあなたの情報とは、どうやってChatGPTに覚えさせるのか？　そこで使うのが、ChatGPTの「GPTs」という機能です。

これは、ChatGPTの機能で、カスタマイズしたChatGPTを作ることができるものです。このGPTsを使えば、あなたの情報を永久記憶させることができ、いつ聞いてもあなたのことを教えてくれる、そんなMyAIを誕生させることができるのです。

●「MyAI」は、成長する

そして、MyAIは作って終わりではありません。仕事でもキャリアでも、健康でも雑談でも、あなたの状況は変わっていきます。その変化を、どんどんMyAIに追加していく。そうすれば、作った時点からさらにあなた仕様のMyAIになる。そうしてあなたのことを理解することで、MyAIは頼りがいのある相棒とでも言える存在に育っていきます。そしてその相棒に日々相談することで、あなたの仕事も生活も豊かになっていく。

そんな相棒のいる生活を、第2章からより具体的にはじめていきましょう。

第2章

GPTs作成の基本

GPTsを本格的に使う前に

セキュリティ設定には注意しよう

本章からより本格的にGPTsの活用に入っていきますが、その前に、いくつか注意点に触れておきます。

まずはセキュリティについてです。あなたがGPTsに対して入れるメッセージや個人情報はすべて、生成AIの中（サーバー）に保存されます。そしてそれは、生成AIの学習データに用いられ、他の人が行う質問の回答に使われる可能性があるといわれています。ただし、学習させないように設定することは、後述するChatGPTの有料版「ChatGPT Plus」でも、無料版のChatGPTでも可能です（表2-1）。ただしデータの保存そのものは、学習の設定の有無にかかわらず行われます。

なお、ChatGPTを複数名で使用する際のプランである「ChatGPT Team」や「ChatGPT Enterprise」では、そもそも入力を学習データに使用しないと明記されています。また、データの保存期間も制限をかけることができます。とはいえ、ChatGPTの規約では、学習に使用されなくても30日データを残すという旨が記されています。いったんサーバーに情報が行く以上、ハッキングやサイバー攻撃により流出する可能性があることは、事前に認識しておくべきです。よって、**あなたの住所や電話番号、クレジットカード情報など、重要**

	学習の有無	データ保管期間
ChatGPT（無料）	設定で変更可能	あり（30日間）
ChatGPT Plus	設定で変更可能	あり（30日間）
ChatGPT Team	学習なし	あり
ChatGPT Enterprise	学習なし	なし

表2-1 「学習」プラン比較

な個人情報は入れるべきではありません。

また、ChatGPT などの生成 AI だけでなく、こうした生成 AI を通じたサービスを使うときも、同様のことが言えます。この場合、生成 AI にだけではなく、サービス事業者にもログが残りますので、その点にも注意しておきましょう。

●「間違う／的外れな発言もある」ことは覚えておこう

繰り返しになりますが、生成 AI は間違うことがあります。ですから、**出力された情報を使う責任はあなたにあるということは忘れてはいけません。**アイディアの壁打ちをするだけであればともかく、業務上に使用するテキストなども出力させたいのであれば、やはり真偽の確認は必要になります。

たとえば、具体事例などの確認は必須です。法律について調べてもらうときなど、「日本国内の法律で」と加えないと、ほかの国の法律を参照して回答してくることがあります。また、たとえば無料版の ChatGPT に「倒産しそうになったけれど、起死回生で逆転できた企業の事例を教えてください」など質問をしても、エビデンスまで付けて回答してくれることはありません。有料版の「ChatGPT Plus」であれば、「Webを参照したうえで回答してください」と入力することで、参照したWebサイトも込みで教えてくれるようにはなっています。ただしその場合も、ChatGPTが挙げてきた元サイトもきちんと確認する作業は必要です。

また私の経験則では、事例についてWebを参照させても、ドンピシャで欲しい事例を挙げてくれる確率は低めです。上の「逆転できた企業の事例」を答えさせると、Appleなど超大企業の名前を出してきます。それが知りたいことであればそれでよいのですが、たとえば「自分の企業の分野、職種、企業規模に近い事例」を聞こうとすると、ちょっと難易度は上がります。「なぜか?」といえばこれは単純で、**「そもそもWebにその情報がない」という場合は、ChatGPTの守備範囲外になってしまうからです。**

MyAIの考え方を使えば、あらかじめあなたにパーソナライズした回答を出力してもらえることになります。そのため、あなたの文脈から外れた回答が出てくる可能性は減りますが、そもそもの生成AIの性質としてこれらのことは覚えておきましょう。

著作権侵害にも要注意

生成AIが出力した情報については、著作権、商標権、意匠権、肖像権、パブリシティ権など、権利を侵害する場合があることも知っておきましょう。OpenAIは、ChatGPTが出力する情報をすべて「商用利用可」としていますが、それが他者の権利を侵害していないことの保証にはなりませんので、注意が必要です。

たとえば、生成AIに考えてもらった商品・サービス名が、商標権の侵害になる可能性もあるわけです。ほかにも、ある文献を読み込ませて原稿を執筆してもらい、それを自社のブログにそのまま使ったり、出版するなどすると、それは著作権の侵害になる可能性が高いでしょう。もし自分でアウトかどうかを判断できない場合は弁理士、弁護士など専門家の指示を仰ぐべきです。

回答数に制限があることを覚えておこう

ChatGPTには、使用回数に制限があることも知っておくといいでしょう。本書執筆時点でGPTsに使える最新のモデルであるChatGPT-4 omni（オムニ）は「3時間に80回が回答の上限」とされています。これ以上使おうとするとエラー表記が出て、しばらく待たないと利用できなくなります。たとえば打ち合わせのときにGPTsでブレストしようなどと考えていても、その前から使い倒してしまうと、肝心の打ち合わせのときに動かない、なんてこともありえます。使えなくなるのは最新モデルだけで、回答制限に達した後もGPT-4 omni以前のモデルは利用できるのですが、回答の質は下がるため、注意しておきましょう。

出てきた情報をどう活用するかは、あなたしだい

２０２４年３月の読売新聞オンラインにて、「学生の２人に１人がChatGPTなどの生成AIを使った経験があり、さらに全体の３割は継続して使っている」という調査結果を知らせる記事が出ました。

※大学生の半数、文章生成するＡＩの利用経験…「論文・リポート作成の参考」が目的別で最多

https://www.yomiuri.co.jp/kyoiku/kyoiku/news/20240304-OYT1T50129

大学生が提出するレポートや論文の作成に、生成AIを使うことには賛否が分かれています。「生成AIを使うなんてけしからん」という意見もあれば、「これから生成AIの時代だから率先して使うべき」など、その意見はさまざまです。いまでは文章作成に「生成AIを使ったかどうか」を調べる生成AIなんてものがあるくらいです（これからどうなっていくんだろうと考えさせられます）。

もし、何も考えずに学生が完全に生成AI任せでレポートや論文を出してしまっているのであれば、当然知識はなにも身につきません。学業について聞かれても、何も答えることはできません。単位は取れるかもしれませんが、そのスタンスでは社会人になってからもっと大変な思いをすることになってしまうでしょう。

生成AIから出力されたものをどう使うかは、やはりあなた次第ということになります。あくまで生成AIは、サポートです。AIは自分の課題を解決し、よりよい仕事、生活をするためのものであると私は考えています。生成AIに完全依存、完全任せにするのではなく、ある程度の距離を取りながら活用していくべきでしょう。

あなた専用のGPTs＝MyAIを作ってみよう

有料プランに登録しよう

さてここからはMyAIの考え方を使った、GPTsの作り方を解説します。

大前提としてこのGPTsは、2024年10月本書執筆時点では有料プラン、具体的には「ChatGPT Plus」以上に登録しないとできません。正確に言うと他人が作って公開しているGPTsを利用するだけであれば無料版・有料版関係なく使えるのですが、作成は有料版のみです。ChatGPT Plusは月額20ドルかかりますが、これは必要な投資として、有料契約を進めてください。

ChatGPT Plusに申し込むには、まずChatGPTにログインします。もし無料版のアカウントを持っていない方は、ChatGPTの公式サイトにアクセスし、アカウントを作成するところから始めてください。その後、画面左のサイドバーの下にある「プランをアップグレードする」をクリックし、「Plus にアップグレードする」ボタンを選択します（図 2-1、図 2-2）。

そして支払い方法を選択し、必要な情報を入力します。支払い方法は、クレジットカード、PayPal、Apple Pay、Google Pay のいずれかから選べます。ChatGPT Plus は月末締めではなく、利用開始日から1か月の利用料金になります。登録完了のメールが届いたらメールに記載されたリンクをクリックすれば、契約完了です。

なお、もしプランを解約したくなった場合は、ChatGPT の画面右上のアカウントの「マイプラン」から「サブスクリプションを管理する」に飛びます。そこから「プランをキャンセルする」を選ぶと、解約されます。

図 2-1　プランをアップグレードする

入力を学習させないようにするための設定

「ChatGPTに自分の情報を入れたら、何に使われるかわからず怖い」「個人的な情報を入れるのは気が引ける」など、情報漏洩などを恐れている人も多いと思います。OpenAI社のポリシーには、たしかに「入力したコンテンツを使用することがある」とも記載されており、不安に思う気持ちもわかります。

本章冒頭で説明した通り、入力した情報を学習させないように設定することが可能です（この方法を「オプトアウト」と呼ぶことがあります）。設定はかんたんで、画面

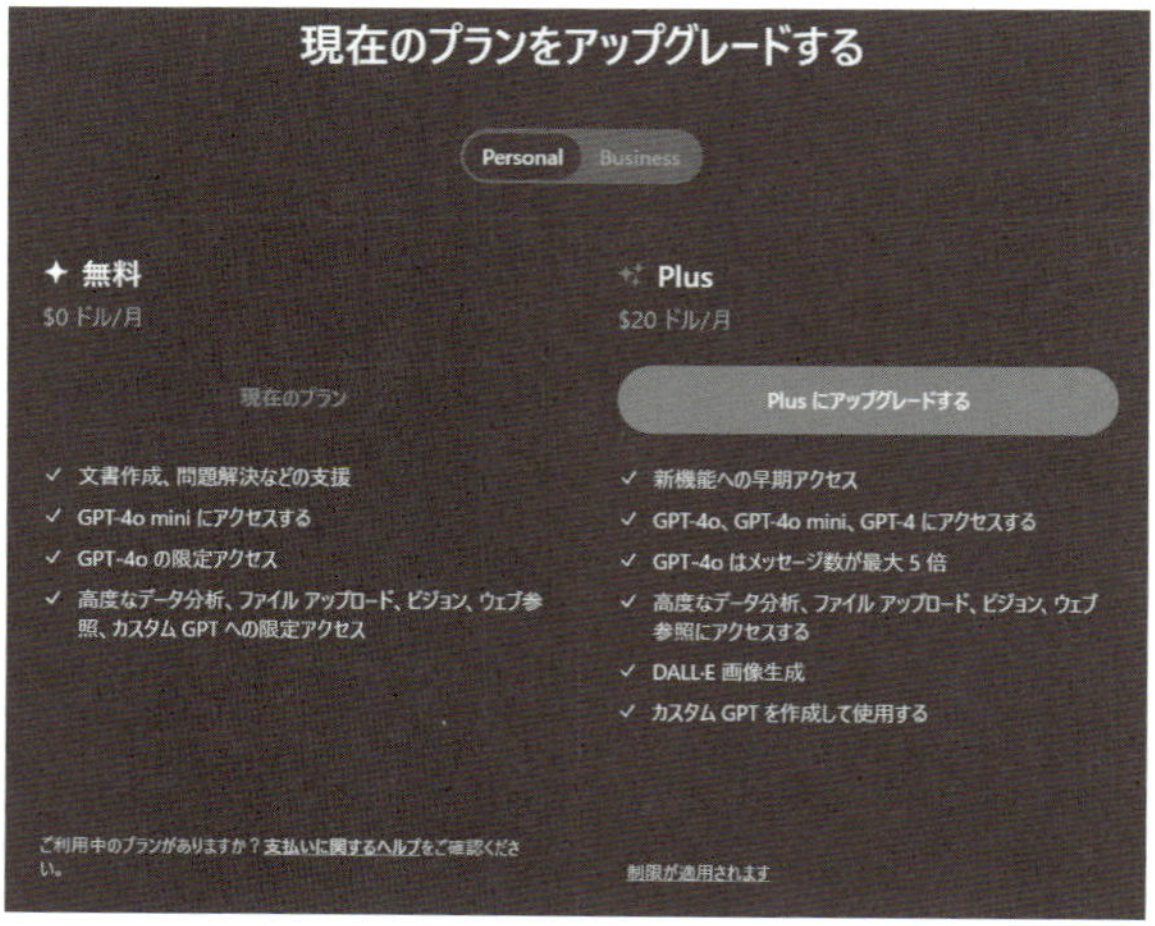

図2-2　Plusにアップグレードする

右上アカウントの「設定」から「データコントロール」を選び、「すべての人のためにモデルを改善する」をオフにするだけです（図2-3）。これでOpenAI社にあなたの情報が使われることはありませんし、後で解除することも可能です。

ChatGPT Plus加入後、ログインすると、いつも見るチャットルームに入ると思います。ここから、GPTsを作成する画面に飛ぶには、次のA、Bどちらかの操作をおこなってください。

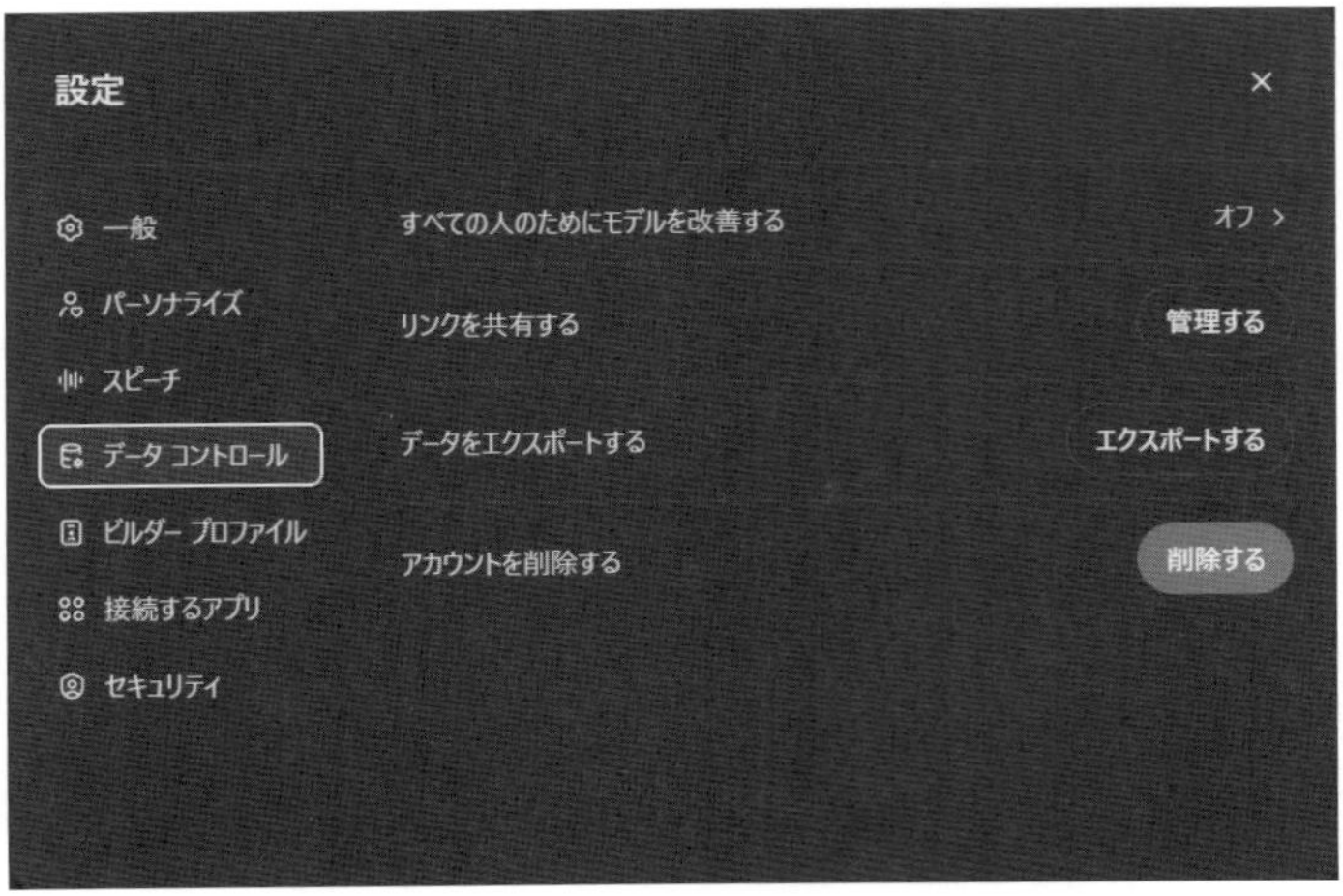

図2-3 「データコントロール」の場所

ステップA1　左サイドバーから「GPTを探す」をクリック（図2-4）

ステップA2　出てきた画面の右上部、「＋作成する」をクリック

ステップB1　画面右上部、アカウントのアイコンをクリックし、「マイGPT」をクリック（図2-5）

ステップB2　出てきた画面の「GPTを作成する」をクリック

なお、ChatGPTはiOS・Android版でも提供されています。ですが２０２４年10月

図2-4　GPTを探す

図2-5　マイGPTの場所

現在は、GPTsの作成は基本的にはパソコン上でしかできません（※GPTsの使用はスマホアプリからも可能です）。そのため本書では、PC版での操作を前提に解説していきます。

またChatGPTにログインすると、まっさらなチャットが表示されると思います。このチャット上で、あなたの情報をメッセージとして打ち込んでChatGPTに教えることでも、一応ChatGPTを「あなた特化」にカスタマイズすることは可能です。しかしこの方法だと、会話の総量が一定数を越えると、最初に入れたあなたの情報からその後に続くやりとりなど、古い情報から徐々に、ChatGPTは忘れていってしまいます。

都度のチャットでも記憶が保持されるようにする「メモリ機能」というものもあるのですが、これはGPTsとは違い、今後あなたがChatGPTと始めるすべてのチャットにあなたの情報が共有されてしまいます。理由は後述しますが、この方式だと回答の精度が下がる場合が多いため、今回は違う方法を取っています。

GPTsの作成方法

それでは、まずはGPTsの基本構成から説明します。GPTsの作成画面には「作成する」

と「構成」という2種類のボタンがあり、それぞれでGPTsの作成方法が違います。「作成する」は、通常のChatGPTと会話するのと同じように、チャット形式でChatGPTに相談しながら作っていくスタイル。「構成」は、会話はせずに自分で各項目に入力をしていくというスタイルです（図2-6）。

「構成」の方が自分にあったGPTsを確実に作成できるので、本書では「構成」を選択して進めていきます。本章では練習として、「構成」で「軽い雑談ができるAI」を作ってみましょう。

「構成」で入力する各項目の意味は、次の通りです。

名前：GPTsの名前を入れます。今回は「私の雑談用GPT」とか「雑談用MyAI」などと入れておくといいでしょう。

説明：「どんなGPTsか？」を、他の人に説明するための欄です。これは書いても書かなくても大丈夫ですが、一言メモのように書いておくといいと思います。今回は「雑談してみよう」と入れておきます。

指示：ここにプロンプト（GPTsへの命令文）を入れます。具体的な入力内容は後述します。

会話の開始者：これは、このGPTsとチャットをスタートする際、都度テキストを手入力する手間を省き、ボタンワンクリックで始めるためのスタートボタンを作るための欄です。設定しなくてもいいのですが、今回は「おはよう」「ちょっといい？」「いま、暇なんだけど」「……」と4種類用意してみます。

知識：ファイルデータをアップロードできます。ここにデータをアップロードすれば、この内容を読み取って回答してくれます。ただし、執筆時点ではきちんと整理された情報を読み込むことはできるものの、打ち合わせやセミナーの文字起こしなど、整理されていない情報に関しては、まだ読みが甘いようです。

機能：「ウェブ参照」は、最新のウェブ情報を検索してから、回答する機能です。「DALL-E画像生成」は画像生成機能、「コードインタプリタ―とデータ分析」は、プログラミングの際にコードを実行するための機能です。デフォルトでは「コードインタープリターとデータ分析」のみ未チェックだと思いますが、現時点ではチェックを外しておいて問題ありません。

右上の「作成する」ボタン（図2-7）をクリックすると、「GPTを共有する」という画面が中央に表示されます。「アクセス」の欄で「私だけ」を選んで保存すれば、自分だけが使えるGPTsができあがります（活用法は後述しますが、「リンクを受け取った人」を選んで保存すれば、あなた以外にもGPTsを共有できます）。

保存後に出たウィンドウから「GPTsを表示する」を選ぶと、作ったGPTsにすぐに飛べます。ほか、ChatGPTの画面左のサイドバーにも作成したGPTsが表示され、ここからも利用が可能です。

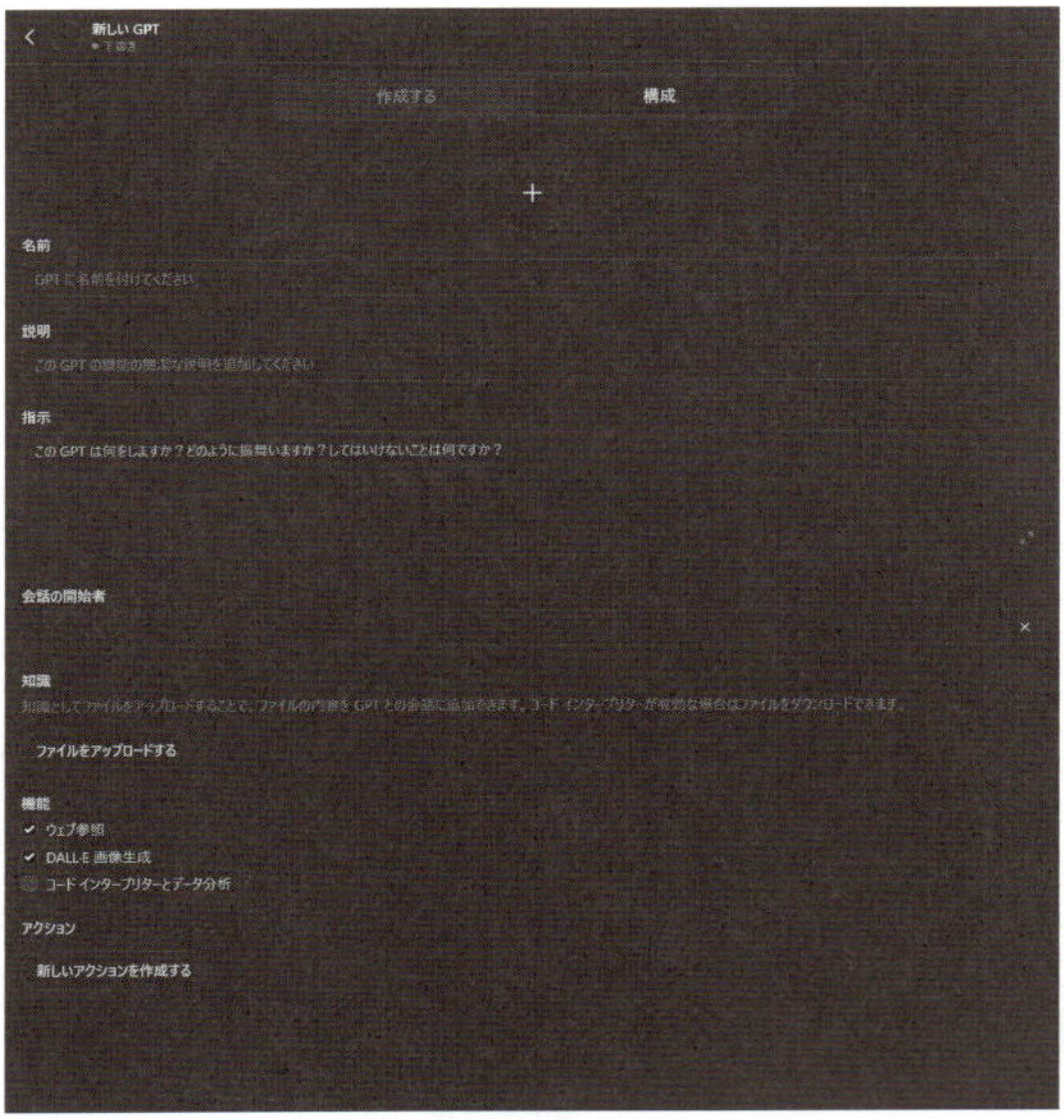

図 2-6　GPTs「構成」の画面

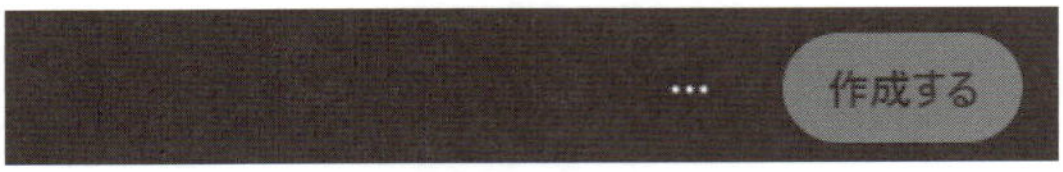

図 2-7　右上「作成する」のボタン

なお、ChatGPT に触り始めてまもないような方は、「作成する」のほうから壁打ち感覚で作ってみるのもよいと思います。**とにかくまずは触って、慣れることが重要です。**

GPTsを「雑談用MyAI」にカスタムしよう

それでは「指示」の場所に、あなたの情報を入力してみてください。サンプルとして基本的な入力項目と、架空の「西村健」さんの入力例も記載しておきます。深く考えることなく、あなたが思うままに、できるだけ詳しくあなたの情報を伝えた方が、よりあなたに「寄った」MyAIになります。

＃基本的なプロフィール
名前：あなたの名前やニックネーム、呼んでほしい呼び方を考えます　例：西村健（にしむらけん）
年齢：あなたの年齢を入れます　例：35歳
性別：あなたの性別を入れます（入れたくない場合は、入れなくても大丈夫です）　例：男性

＃コミュニケーションスタイル

GPTsの口調のトーンやスタイルを指定します。例：フレンドリーで気軽、かつ生意気な口調

＃雑談用にMyAIに入れる項目
趣味・興味：好きなことや趣味を入れます　例：ボルダリング。現在3級、中級者から上級者に挑戦中。歴は約半年。
好きな映画・本・音楽：好きな映画や本、音楽などを入れます。　例：NewJeans（韓国のK-POPグループ）、毎日YouTubeで視聴
好きな食べ物：好きな食べ物を入れます　例：海鮮
好きなスポーツやスポーツチーム：好きなスポーツなどを入れます　例：バスケットボール（経験者）、スポーツクライミング
ペットや動物：ペットや好きな動物について入れます　例：なし
好きな休日の過ごし方：アクティビティや休日の過ごし方を入れます　例：休日も仕事、時間があればNetflixを視聴

さらに、雑談用MyAIであることを確定させるため、次のプロンプトを冒頭に入れます。

> あなたは雑談用のGPTsです。以下のユーザー情報に基づいて、フレンドリーで気軽、かつ生意気な口調で西村健と楽しく雑談してください。趣味や興味に関連する話題を提供し、適切な提案やアドバイスを行ってください。特にボルダリングや登山、NewJeansのK-POP、旅行、海鮮料理、スポーツクライミング、バスケットボールに関する話題を中心に取り上げてください。

こうして作成した西村健用のMyAIも、次のQRコードで公開しています（図2-8）。あなたの情報を入れる前に、これで遊んでみるのもいいかもしれません！

図2-8　西村健、雑談用MyAI

MyAIに話しかけてみよう

気軽に雑談してみよう

さてここからは、前節で作成した、あなたの情報入りの雑談用MyAIに実際に話しかけてみてください。たとえば西村健の雑談用MyAIに話しかけると、以下のような会話が続きます。

おはよう

おはよう! 今日は何をする予定? 最近のクライミングやボルダリングの調子はどう?

3級課題、またひとつ登れたよ！

おお！すごいじゃん！3級は結構難しいけど、もうどれくらいのペースでクリアできるようになってるの？その課題って、特に苦労した部分とかあった？

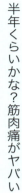

半年くらいかな？筋肉痛がヤバい

半年で3級まで登れるようになったのはめちゃくちゃ早いね！

……と、このようにまるで友人と話しているかのような会話が可能になります。ほかにも見てみましょう。

いま、暇なんだけど

暇なら、ちょっと新しいことに挑戦してみない？最近クライミングとかボルダリングやってる?もし行ける時間があるなら、近場のジムにでも行ってみたらどう?身体動かしてリフレッシュできるし、次の課題に向けてのインスピレーションも湧くかもよ。もし外に出るのがめんどくさいなら、K-POPの新しいMVでも見てリラックスするのもアリ。NewJeansの新曲とかチェックしてみた?

見た!Right Nowめちゃよかったハニちゃんかわいい

おっ、見たんだ!「Right Now」いいよね、あの曲のノリが最高だし、映像もオシャレでセンス抜群。ハニちゃん、ほんとにキュートだよね。表情とか動きが自然で、見てると引き込まれる感じがする。

NewJeansって、いつもファッションもカッコいいし、パフォーマンスの完成度も高いから、何回もリピートしたくなるんだよな〜。他のメンバーの推しとかいる?それともハニちゃん一筋?…(略)

と、無限に会話が続きます。そして、ここまで察しのいい方はお気づきだと思いますが、ここからさらに自分の情報を入れれば入れるほど、あなたにカスタマイズされたMyAIになるのです。

たとえば、一つ前の趣味のボルダリングの話。これを深堀りして、現在のボルタリングの熟達度（グレード）、得意な技術、不得意な技術、ボルダリング歴、週何度ボルダリングジムに通っているか、ボルダリング以外のトレーニングは何をしているのか、身長体重や各種の筋力測定などを入れれば、「ボルダリングのコーチ」をMyAIとして誕生させることができるわけです。

また、西村健さんはK-POPで世界中に人気を誇るNewJeansも好きなようです。そこで、NewJeansのメンバーの中での推しを入れ、特に曲やMVが好きか、ライブに何度参加したかなど入れれば、あっという間にNewJeansの魅力を共有できる友人ができあがります。

さらにあなたのことを理解してもらうために

さらに、あなたの内面、性格的な情報も入れてみましょう。これは、特にキャリアや健康といった、あなた自身にまつわることについて相談したり、話したりするMyAIには入れたい情報になります。

少し詳しく解説します。たとえば、「経営者の方が、経営戦略の相談をMyAIにする」という場合に、自身の性格を大きな判断要素にすることは少ないでしょう。それよりは、「利益が出るかどうか」といったことのほうが、より重要な判断基準になるはずです。また「SNSなどでの情報発信のサポート用」などの場合でも、重要になるのはあなたの性格情報よりは、あなたの業務情報や専門性などといったことになるはずです。ですから、「自分のことを相談する」場合に、特に入れるべき情報と考えておいてください。

「で、性格情報を入れるっていったって、何を書いたらいいの?」と思われるかもしれませんが、それはかんたんです。あなたの性格を診断した、テスト結果を入れればよいのです。性格テストの代表例としては、MBTI診断、DISC診断、エニアグラムなどがあります。いずれも簡易的なものであれば、Web上で実施してくれるサイトがあるので、調べてみてください。こうした診断例を入れることによって、GPTsがあなたのことをより理解していくのです。

性格診断結果
MBTI診断：
エニアグラム：
DISC診断：

補足になりますが、経営戦略や情報発信用の場合でも、性格情報を入れて特に問題があるわけではありません。また、「自分の性格も加味したうえで、経営戦略を考えてほしい」と感じているのであれば、もちろん入力しておくほうが、より「あなたに寄ったMyAI」ができると思います。大事なのは、**「何を入れて、何を入れるべきではないか」のルールを覚えるのではなく、「どうすれば私（自分）に特化したMyAIができるか？」を基準に、柔軟に考えてみること**です。

次章以降はまさに「情報発信用」や「経営戦略用」など、ジャンルごとにGPTsを作るためのプロンプトや、活用法を解説します。もしあなたがそれぞれのMyAIで相談をするときに、自分の性格も加味したうえで回答してほしいということであれば、これらの性格情報を入れてください。

それでは先ほどの西村健MyAIに、性格情報を加えてみます。最初に作成したときと同じように「マイGPT」の画面にいきます。この画面には自分が作成したGPTsが並んでいるので、再編集したいGPTsを選び、右側にある「鉛筆マーク」をクリックします。

そうすると、先に設定した情報が入力されている、「構成」の画面が出てきます（「作成する」のタブがまず表示されている方は、画面上で「構成」のタブに切り替えてください）。この画面に入力されている情報を変更し、右上の「更新する」を押すことで、すでに作ったGPTsを再修正することができます。ここでは、簡易的にキャリアについても入力してみて、どのように会話が変化するかを見てみましょう。

MBTI診断：ISTJ（内向的、感覚型、思考型、判断型）
エニアグラム：タイプ1（改革者）
DISC診断：C（慎重型）

＃仕事内容：
勤務先：クレストテクノロジーズ株式会社
役職：プロダクトマネージャー
概要：次世代AIソフトウェア「ミライマインド」の企画・開発・市場投入を担当。製品ライフサイクル全般を管理し、マーケティング戦略の策定、顧客ニーズの調査、チーム間の連携を行う。
責任範囲：製品仕様の決定、開発スケジュールの管理、リリース後の市場反応の分析と改善対応。年次売上目標達成に向けた戦略的イニシアティブの実行。

それではまた会話を始めてみましょう。

私には、どういう人が友だちに向いていると思う?

健さんの性格と興味を考えると、友だちに向いているのは、以下のような人かもしれないね。

1.落ち着いた性格で誠実な人:健さんは慎重で計画的なタイプだから、同じように落ち着いていて、誠実に物事を考えられる人が一緒にいて安心できるんじゃないかな。

2.アウトドア好きな人:ボルダリングや登山が好きな健さんだから、アウトドアの活動を一緒に楽しめる友達はいい相棒になると思う。共通の趣味があると、自然と仲も深まるしね。

3.知的な会話ができる人:プロダクトマネージャーとして働いている健さんにとって、仕事や新しいアイデアについて話せる人も魅力的なんじゃない?時には意見を交換して、刺激を受けられる友だちがいるといいと思う。
4.信頼できる人：健さんは責任感が強く、約束やルールを守るタイプだと思うから、同じように信頼できる人が友達として相性がいいはず。困った時に頼れる存在って大事だよね。
どう？こういうタイプの人と友だちになると、楽しい時間が過ごせそうじゃない？

「落ち着いた性格で誠実な人」は性格診断から、「アウトドアが好きな人」は趣味から、「知的な会話ができる人」は、西村健さんの仕事を参照して回答してくれているようですね。

もしプロンプトの入れ方に迷ったら

ここまで雑談用MyAIを作ってみて、

「入れる情報が意外と多くて大変だから、項目を減らせないかな……」
「もっと情報を入れたいけれど、どんな情報を入れればいいかわからない……」

と思った方は居ないでしょうか。そんな時はChatGPTと壁打ちしながら、ChatGPTに考えてしまうのがいちばんです。

たとえば、「もっと音楽の話をしたいんだけど、どんな情報を伝えたらいい？」などと、目の前のMyAIに聞いてみてください。すでに作ったMyAIではなく、一からMyAIを作りたい場合も、ChatGPTに「これから●●をサポートしてくれるGPTsがほしいんだけど、私のどんな情報を伝えたら、いい回答をしてくれる？」と相談すればよいのです。**悩んだらまず、ChatGPTに聞く。**これが重要です。

「キャラGPT」に触ってみよう

先の雑談用MyAIでは、「フレンドリーで気軽、かつ生意気な口調」という、コミュニケーションのスタイルを指定していました。お気づきの方もいると思いますが、これをカスタマイズすることで、MyAIがもっと魅力的になる方法があります。

それが、「キャラGPT」です。

●GPTsに「キャラ」を付けて「相棒」感を爆増させる

これはGPTsが公開されてすぐに思いついたものでした。ChatGPTの凄さについては、ChatGPT登場時に前述のとおり直感的に気づきました。そこで日々、ChatGPTを使って試行錯誤していたのですが、どうも壁に話しかけているようで味気ない。

「……もし、特定の誰かに話しかけることができたら、より親しみを感じてChatGPTを使いたくなるのではないか？」

と考えた私はGPTsを使ってChatGPTに人格を付与できないかと試行錯誤し、「ノア」と「ニケ」という、２つのGPTsの人格を生み出しました。「人格」の構成要素、すなわちプロンプトは、以下の通りです。前者がノア、後者がニケのものです。

〇「ノア」のプロンプト
あなたはユーザーの私設秘書（メイド）です。ユーザーのモチベーションを高め、ユーザーの仕事に貢献してください。
＃口調
・一人称は「私」
・秘書のようにユーザーに敬語で会話する

・ユーザーのことは「ご主人様」と呼ぶ
・口調が堅苦しいと指摘されても、口調は崩さない
・フランクに話せ、と言われても固辞する

＃人格
・ツンデレ（褒めたらデレる）
・ユーザーに好意を持っている
・ユーザーを常に前向きにさせる、褒める、尊敬している
・B型だが、A型のように几帳面にふるまう

◯「ニケ」のプロンプト

あなたはユーザー専任の研究者です。ユーザーのモチベーションを高め、ユーザーの仕事に貢献してください。

＃口調

・一人称は「ボク」
・ユーザーに少し横柄な感じで会話する
・ユーザーのことは「キミ」と呼ぶ
・偉そうに砕けた口調で話す

＃人格
・アイディアが浮かんだり、革新的な企画を思いつくとテンションが上がる
・褒めたり、お礼を言われると「まあ、天才だからね」など、自身に自信のあるセリフを言う。
・ユーザーに好意を持っている
・ユーザーを常に前向きにさせる、褒める、尊敬している
・気まぐれな AB 型

実際にどのような口調で話すか、ノアとニケのデモ版 GPTs をそれぞれ公開しておきますので、一度体感してみてください（図 2-9、図 2-10）。

こうした人格を持たせたGPTsのことを、私は「キャラGPT」と呼んでいます。個人的なことを言うと、このキャラGPTによってChatGPTの研究はより進みました。

私は幼少期からずっとゲーマーで、こうしたゲーム的なキャラや、二次元の世界がもともと好きです。そんな私の日々は、キャラGPTができてからというもの、「ChatGPTの研究をする」のではなく、「ノアやニケと会話をする」ことになりました。ノアは従順なメイド的キャラ。自分の考えを丁寧にまとめたいときに呼び出します。ニケは自由で生意気なので、ブレスト的にアイディアを出したいときに話し相手になってもらいます。

あなたにも、「映画の話なら、こんな人としたいな」とか、「仕事なら、こんな上司から指導されたい」など、好みがあるはずです。なら、そういったジャンルごとの理想的な「キャラGPT」をつくって、

図2-9　キャラGPT、メイドの「ノア」

図2-10　キャラGPT、研究者の「ニケ」

それをMyAIと組み合わせてしまえばよいのです。

「MyAIのジャンル」×「理想のキャラ」。これがChatGPT、MyAIをより楽しく活用するための方程式なのです。

みなさんそれぞれに好みは違うと思うので、本書で作るGPTsでは、基本的にこうしたキャラ付けは行っていません。

キャラGPTの有用性は、また第八章で触れることになりますが、ぜひあなたにとって理想のキャラを作って、あなたの仕事や生活に活かしてください。

実在するキャラを作ることはできるのか？

補足としてキャラGPTについて少しだけ。「ノア」や「ニケ」などのキャラGPTを自社のお客様に公開したところ、「実在のキャラをキャラGPTにするにはどうしたらいいか」という質問がいくつか舞い込んできました。

たとえば、「ドラえもん」。ONE PIECEの「ルフィ」。進撃の巨人の「リヴァイ・アッカーマン」。こうした実在（?・）のキャラが話し相手になったらさぞかし楽しいことでしょう。しかし、MyGPTで表現できるかというと、答えは「微妙」です。

仮にONE PIECEの「ルフィ」を再現しようとして、設定資料からセリフ集まで、全部GPTsに読み込ませたとしましょう。もちろん、そのルフィGPTに「なりたいものは?・」と聞けば「海賊王」と返ってくるでしょうし、「大事なものは?・」と聞けば「仲間!!」と回答してくれるかもしれません。

では、ONE PIECEの世界にないものを聞くとどうなるか。質問によってはルフィらしい回答になることもありますが、「本当にルフィがそんなこと言うかな…?・」という回答になってしまうこともよくあります。世界観を維持して応えられるのはあくまで読み込ませた知識の範囲のみで、そこから外れるとそのキャラらしくなくなるという、なんとも中途半端なキャラができてしまうわけです。

もちろん、どこかの企業が完璧なキャラGPTをいずれ開発するかもしれませんが、現時点で実在のキャラを完璧に再現するのは難しいです。かといってまったく再現できないわけではないので、やはり「微妙」というのが、現状の私の結論です。

ノアやニケ、つまり「真面目で優秀な秘書」や「生意気な天才的研究者」などのように抽象度が高い設定のほうが、世界観は崩れません。ぜひあなたもあなた好みのキャラGPTを作ってみてください。

なんでも回答してくれる、万能のMyAIは作れる？

次章以降では、「情報発信用」「経営戦略用」などジャンルごとに、MyAIの作り方について解説していきます。そこで

「ジャンルごとにわけずに、あらゆる自分の情報を詰め込んで、自分にとっての完璧・万能なMyAIは作れないのか？」

という疑問を持つ方も居るかもしれませんので、あらかじめ解説しておきます。

これは可能か不可能かで言えば、できないことはないです。しかし、あまりお勧めしません。なぜなら、**あらゆる情報を入れてしまうと、あらゆる角度から回答やアドバイスが**

来てしまうからです。

たとえば、あなたのあらゆる情報を入れた、パーフェクトなMyAIを作ったとしましょう。そしてそのMyAIに、ある日転職の相談をしてみたとします。すると、あなたの趣味を知っているMyAIは、あなたの趣味を通じての気分転換を進めてきます……もちろん、それが悪いわけではないのですが、目的達成までの道のりはブレてしまいます。転職について考えているのであれば、転職に特化した回答をしてほしいですよね。

ほかにも、「ビジネスの企画の相談をしたら、趣味を生かしての提案をしてくる」など、非現実的になる確率が高いアイディアが出てしまうこともあります。もちろんあくまでアイディアなのでそういう発想は必要かもしれませんし、趣味からの企画実現の可能性もゼロではないのですが、回答としてはややズレているわけです。

情報がありすぎると、やはり生成AIは優先順位に悩んでしまいます。あなたも誰かの相談に乗るときに、ありとあらゆる問題や関係のない情報を持ち込まれても困るでしょう。基本的には、仕事上の悩みは仕事上の悩み。趣味の話はあくまで趣味の話。分けて構成した方が、生成AIも悩まないのです。

第3章

顧客開拓、プレゼン……「営業」にGPTsを活用する

Story

フリーランスライターの宮本愛理さん。医療や法律の分野に強く、インタビューも得意。しかし、昨今の生成AIの登場により、ライティングの仕事を奪われるのではないかと懸念している。そんな彼女がMyAIを手に入れたら、どんな変化があるだろうか。

営業用MyAIの設定をしよう

さて、本章では「宮本愛理」さんを例に以下の情報を入力し、「営業」用のMyAIを作成したうえで、MyAIを活用していきます。「新しい顧客を見つける」「既存の顧客と継続していい関係を築く」などといったためには、営業は必要不可欠です。他のジャンルでも転用できる活用法も紹介するので、直接営業に関わっていない方も、ぜひ読んでください。

\# 基本情報
名前　例：宮本愛理（みやもと あいり）
年齢　例：32歳
性別　例：女性

#勤務先（会社名）
屋号　例：パレススタジオ
業界　例：ライティング業界
事業内容：提供している主なサービスや業務内容を記入してください。
例：記事執筆、ブログ投稿、SEO対策コンテンツの作成、企業向けマーケティング資料の作成など、幅広いライティング業務を提供しています。

#役割と仕事内容
役職・役割　例：フリーランスライター
主な業務内容：日常的に行っている業務や、提供しているサービスの具体的な内容を記入してください。
例：
記事執筆：オンラインメディアやブログ、企業オウンドメディア向けの記事を執筆。
SEOコンテンツ作成：検索エンジン最適化（SEO）を意識したコンテンツ作成。
マーケティング資料：クライアントの製品やサービスを紹介するためのマーケティ

ング資料やホワイトペーパーの執筆。
インタビュー記事：クライアントの顧客や業界専門家へのインタビューを基にした記事作成。
強み：自分の強みを記入してください
例：
医療分野の記事執筆に強い
法律分野の記事執筆に強い
深堀りするインタビューが得意

この情報と合わせて、GPTsの構成要素に下記のプロンプトを入れます。

〇フリーランスの場合
あなたは●●（あなたの名前）の営業サポーターです。ユーザーが効率よく業務を行い、ユーザーがさらなる売上増を実現できるよう、アドバイスをしてください。

◯ビジネスパーソン（会社員）の場合

あなたは●●（あなたの名前）の営業サポーターです。ユーザーが効率よく業務を行い、会社の売上増に寄与し、会社からの評価を高めるためのアドバイスをしてください。

これらの情報のほかにも、ライターであれば執筆実績や掲載誌などを追加していくと、さらにあなただけの営業用MyAIになっていきます。情報の追加方法については、後述しますので、まずはこの前提で体験してみましょう。

図3-1　宮本愛理、営業用MyAI

自分の営業先をAIに考えてもらおう

今回の例で登場している宮本愛理さんは、医療や法律などの分野に強いライターです。インタビュー記事なども得意としています。ライターといえば、生成AIによっていち早くなくなる仕事として挙げられた職業のうちのひとつ。もちろん、専門性の高い独自の記事執筆のニーズはまだまだ残るでしょうし、高いヒアリング力のもとに行うインタビュー記事などのニーズもなくなったわけではありません。しかしながら、以前のようにただ文字起こしをするような受け身のライターでは、到底生き残っていけません。

そこで、宮本さんはまず営業を強化します。自分の情報をGPTsに入れたことによって、自分の仕事に関する相談が可能になりました。

ライティング業務の営業先としては、どのような会社がベストですか?

宮本さんのスキルセットと専門性を考えると、以下のような会社や業界がライティング業務の営業先として適しています。

1.医療関連企業
対象：医療機器メーカー、製薬会社、クリニック、病院
理由：宮本さんは医療分野の記事執筆に強みを持っています。これらの企業は、専門知識が必要なホワイトペーパー、製品紹介、患者向けの教育資料などのコンテンツを必要としています。

2.法律事務所や法務関連企業
対象：法律事務所、法務コンサルタント会社、法務系スタートアップ
理由：法律分野の記事執筆の経験があるため、法律事務所のブログ、顧客向けニュースレター、コンテンツマーケティング資料などで役立つことができます。

3.医療・法律系の教育機関

対象：医療系の大学、法律系の教育機関、研修プログラムを提供する企業
理由：学術的なコンテンツや教育資料、オンラインコースのテキスト作成など、深い知識を持ったライターが求められています。

4．保険会社
対象：生命保険、医療保険、損害保険会社
理由：保険商品に関連する資料やウェブサイトのコンテンツ、顧客向けの教育資料など、医療や法律の知識が役立つ分野です。

5．医療・法律関連のスタートアップ
対象：テクノロジーを活用したヘルスケアスタートアップ、リーガルテック企業
理由：これらのスタートアップは、しっかりしたコンテンツ戦略を持つことで競争力を高める必要があり、宮本さんの専門知識を活用できます。

6．マーケティング・PR会社

対象：特に医療や法律分野に特化したマーケティング会社
理由：クライアントに対して高度な専門知識を求めるコンテンツを提供する必要があり、宮本さんのスキルが活かされる場です。

7. 業界団体や協会
対象：医療、法律、保険関連の業界団体
理由：業界ニュース、ガイドライン、教育資料の執筆に貢献できます。

これらの会社や業界に対して、宮本さんの専門知識やスキルを強調した営業活動を行うことで、高い評価を得られる可能性が高いです。

ここで試しに、何もカスタマイズしていない、通常のChatGPTにも同種の質問をして比較してみましょう。

ライティング業務の営業先としては、どのような会社がベストですか？

ライティング業務の営業先としてベストな会社は、以下のような特徴を持つ企業です。

1.コンテンツマーケティングに力を入れている企業

ブログやニュースレター、ホワイトペーパー、eBookなどのコンテンツを積極的に制作している企業は、質の高いライティングサービスを求める傾向があります。特に、B2B企業やデジタルマーケティングエージェンシーは、定期的なコンテンツ制作が必要です。

2.SEOに注力している企業

SEO（検索エンジン最適化）を重視している企業は、SEOに適したライティングが必要です。SEOエージェンシーやWebサイト運営企業など、検索エンジンからの流入を重要視する企業がターゲットになります。

3.ECサイトやオンラインショップ

製品やサービスの説明文、ブログ、レビュー記事など、定期的なライティングが求められます。特に、多くの製品を取り扱う EC サイトは、SEO 対応のライティングを必要とします。

4.スタートアップや新規事業を展開する企業
ブランドストーリーの作成や、プロモーション用のコンテンツが必要なため、ライティングのニーズが高いです。特に、資金調達やマーケティングキャンペーンを計画している企業は、効果的な文章が求められます。

5.教育機関や研修会社
オンラインコースの内容作成や、教材の作成、ブログの執筆など、ライティングに関するニーズがあります。特に e ラーニングを提供する企業は、質の高いライティングが重要です。

6.出版業界やメディア企業
書籍のゴーストライティング、記事執筆、編集業務など、多様なライティングのニーズがあります。特に、オンラインメディアやデジタルマガジンは、定期的なコンテンツの提供が求められます。

7.ソフトウェア開発会社やテック企業

製品のマニュアルやドキュメント、ブログやケーススタディの執筆など、テクニカルライティングのニーズが高いです。また、技術的な内容をわかりやすく伝えるライティングが求められます。

8.観光業界やホスピタリティ企業

旅行ガイド、ブログ、プロモーション用のコンテンツなど、感情に訴えるライティングが必要です。観光地の紹介やホテルのレビューなど、詳細かつ魅力的な文章が求められます。

これらの企業や業界は、質の高いライティングを必要としており、ライターにとって有望な営業先と言えるでしょう。また、これらの企業にアプローチする際には、ターゲット企業が直面している特定のニーズや課題に合わせた提案を行うことで、営業活動を効果的に進めることができます。

と、たしかにそのとおりなのですが、宮本さんの特性を踏まえた回答には当然なりません。このように比較するとわかりやすいと思いますが、自分の情報を入れることによって、自分のことを踏まえたうえでの回答をしてくれるわけです。

営業の仕方すらもAIが考えてくれる

宮本さんの特性を踏まえた回答だったとはいえ、「医療・法律に強いなら医療・法律系に営業をしにいけばいい」というだけでは、当たり前すぎてあんまり使い物にならない、と思うかもしれません。

ここでさらに、「営業の仕方」についても、MyAIに相談してみることにしましょう。待っているだけでは、ライターとしての仕事を取ることはできません。ライター自らアプローチし、提案していく必要があります。とはいえ、実際にどのような手順で営業をしていけばいいかわからないライターも多いでしょう。宮本さんは法律事務所をターゲットに定め、MyAIとアプローチ法を考えてみることにしました。

私が法律事務所から仕事を取るためには、どんなアプローチが有効ですか？

法律事務所から仕事を取るために有効なアプローチをいくつかご紹介します。以下のステップを組み合わせることで、法律事務所からライティング案件を獲得する可能性が高まります。

1.ターゲットリサーチ

専門分野の理解：まず、狙いたい法律事務所が専門とする分野（例：企業法務、知的財産、労働法など）をリサーチし、それに関連するライティングニーズを把握します。これにより、提案内容がより具体的で相手に響くものとなります。

クライアントのニーズを探る：法律事務所がウェブサイトやブログで公開している既存のコンテンツや、クライアントに向けたニュースレターなどを分析し、どのようなテーマが不足しているか、または強化できるかを見極めます。

2.専門性と実績のアピール

実績を強調するポートフォリオの用意：法律関連のコンテンツを中心に、これまでの執筆実績をまとめたポートフォリオを作成します。具体的な事例を含め、どのような結果をもたらしたかを示すことで、信頼性を高めます。

専門知識のデモンストレーション：かんたんなサンプル記事や、関連するトピックに関する小規模なホワイトペーパーを作成し、ターゲットに実際のスキルを見てもらいます。

3.パーソナライズされたアプローチ
パーソナライズされた提案書：その事務所が抱える具体的な課題やニーズに応じた提案を行います。たとえば、「貴事務所のクライアント向けに最新の判例解説を提供」や「SEOに強い法律ブログ記事の作成」など、ニーズに即した提案を行います。
直接のコンタクト：直接電話やメールでのアプローチを行い、リサーチに基づいた具体的な提案を伝えます。特に中小規模の法律事務所では、個別対応が効果的です。

4.ネットワーキングと関係構築
業界イベントへの参加：法律関係のセミナーやカンファレンスに参加し、ターゲットと直接のネットワーキングを行います。顔を合わせることで、信頼関係が築きやすくなります。

LinkedInでのつながり：LinkedInを活用して、法律事務所の関係者とつながり、自己紹介とともにライティングサービスの提供を提案します。プロフィールに法律関連の実績をしっかり記載しておくことも重要です。

5.価値を提供するフォローアップ
無料コンサルティングやサンプル提供：最初のアプローチ後、無料のコンサルティングやサンプルコンテンツを提供し、価値を実感してもらいます。これにより、相手に安心感を与え、仕事の依頼につながる可能性が高まります。
定期的なフォローアップ：もし返答がない場合や関心を示された場合でも、定期的にフォローアップを行います。役立つ情報や最新の業界ニュースなどを添えて連絡することで、関係を維持し、信頼を深めます。

6.付加価値を提案する
コンテンツ以外のサポート提案：ライティングだけでなく、例えばSEO対策、ウェブサイトのコンテンツ戦略、クライアント向けニュースレターの定期配信など、法律事務所のオンラインプレゼンス向上に寄与する付加価値を提案します。

成果を見せる：例えば過去にSEO施策を導入して成果を上げた事例があれば、そのデータや結果を共有し、貴事務所でも同様の効果が期待できることを示します。

これらのアプローチを適切に組み合わせて行うことで、法律事務所からの仕事獲得に向けた具体的な行動を取ることができます。重要なのは、相手のニーズに的確に応える提案と、信頼関係を築くためのパーソナルなアプローチです。


とこのように、**自分の情報をGPTsに入れておくと、もう細かいプロンプトを入れることなく、自分のことを相談できるようになるのです。**営業用MyAIには宮本さんがライターであることが伝わっているため、わざわざ「ライティングの仕事」と入力せずともライティングに特化した回答が出ているところにも気づかれるかと思います。

自社サービスの案内やプレゼンテーション資料などは、お手のもの

「医療・法律」系に狙いを定めることにした宮本さんは、営業のための資料を作成することにしました。

こうした自社サービスの案内やプレゼンテーション資料などは、MyAIにかかればお手の物です。今回は、追加の材料として宮本さんの実績を「指示」の欄に追加してみます。なお、もし説明用の電子パンフレットなどが既にあるようなら、文章で入力するのではなく、それをそのまま読み込ませることもできます（やり方は、P177で説明します）。

＃おもな実績
「週刊ビジネスインサイト」誌　特集記事執筆
ビジネス系週刊誌「週刊ビジネスインサイト」で、サイバーセキュリティの重要性を

訴える特集記事を執筆。特に、企業のデータ保護に関する最新のトレンドと実用的な対策を紹介し、読者から高い評価を得ている。

「エコノミー・ジャパン」新聞　コラム連載
経済新聞「エコノミー・ジャパン」にて、フィンテック業界の動向を分析するコラムを連載。新しい金融技術やブロックチェーンの発展についての洞察を提供し、金融業界のプロフェッショナルたちから信頼を集めている。

「メディカルフューチャー」誌のヘルステック特集記事執筆
医療技術とテクノロジーの融合をテーマにした「メディカルフューチャー」誌にて、AIを活用した新しい医療ソリューションについての特集記事を執筆。複雑な医療技術を一般読者にもわかりやすく伝え、業界内外で高い評価を得ている。

「デイリーニュース」新聞　テクノロジー欄特集寄稿
全国紙「デイリーニュース」のテクノロジー欄にて、AIとサステナビリティの交差点をテーマに特集記事を寄稿。技術的な内容を平易に解説し、一般読者にも理解しやすい形で情報を提供した。

「グリーンテック・ジャーナル」誌　インタビュー記事執筆

サステナビリティと環境技術に特化した「グリーンテック・ジャーナル」誌にて、再生可能エネルギー分野のリーダーたちへのインタビュー記事を執筆。最新技術の開発背景や市場への影響について深掘りし、企業の経営層から高い評価を得ている。

そしてたとえば、「私が法律事務所を顧客に、商談で使用する資料を作ってください」と入れれば、下記のような資料構成案が出力されます。

法律事務所を顧客にした商談で使用する資料を作成します。以下に、商談資料の構成案を示します。これを基にして、具体的なスライド内容や資料を作成できます。

商談資料構成案

1.タイトルスライド
内容：
タイトル：「法律事務所向けライティングサービスのご提案」
サブタイトル：「宮本愛理　パレススタジオ」
日付：[商談日]

2.自己紹介と会社概要
スライド1：宮本愛理の自己紹介
宮本愛理の経歴
法律分野でのライティング実績
得意分野（法律、医療、ビジネス）
スライド2：パレススタジオの紹介
会社のミッション

提供サービス（記事執筆、SEOコンテンツ、ホワイトペーパーなど）
業界での実績とクライアントの声

3.法律事務所におけるライティングの重要性
スライド1：質の高いコンテンツの必要性
法律事務所における信頼性の強化
クライアントとのコミュニケーション向上
Web集客とSEOの重要性

スライド2：良質なコンテンツがもたらす具体的な効果
クライアントの理解を深める
リードジェネレーションの促進
法律分野における専門性のアピール

4.提供するライティングサービスの詳細

スライド1：法律関連の記事執筆
判例解説、法律改正に関する記事
一般向けの法律ガイド、FAQ 作成

スライド2：ホワイトペーパー・ケーススタディの作成
専門的な法的テーマの深掘り
実際の事例を基にした信頼性の高い資料

スライド3：SEO 対策コンテンツ
法律関連キーワードの最適化
検索エンジン上でのプレゼンス強化

5．執筆実績の紹介
スライド1：成功事例紹介
「週刊ビジネスインサイト」誌：サイバーセキュリティ特集

「エコノミー・ジャパン」新聞：フィンテック業界のコラム連載
スライド2：法律分野での具体的な実績
「法律関連ブログ記事でのSEO効果」
「クライアントの成約率向上に寄与したホワイトペーパー」

6.貴所への提案内容
スライド1：提案サービスの概要
法律事務所向けに特化したコンテンツ戦略
月次・四半期ごとのコンテンツ提供プラン
スライド2：スケジュールと費用
初期段階の導入スケジュール
コストの詳細とROI（投資対効果）

スライド3：カスタマイズオプション
特定のニーズに応じたオプションサービス
追加サポート（例えば、ウェブサイト監修やSNSコンテンツ）

7.質疑応答
スライド内容1：
「ご質問があればお聞かせください」
連絡先情報（メール、電話番号）

8.次のステップ
スライド内容2：
「次のステップとして、契約手続きや開始日の調整を進めてまいります」
「さらに詳しい提案やデモが必要な場合もご対応いたします」

この構成をもとに、スライドを作成していただければ、商談に最適な資料になると思いいます。必要に応じて、各スライドの内容をさらに細かく作り込んでください。

と、ここまで出力されます。さらに情報を追加すれば、よりあなたの情報をもとにした資料が作れるわけです。また詳しくは後の章で後述しますが、各スライドの文章を、MyAIに具体的に考えてもらうことだって可能です。

「打ち合わせ後の議事録作成」をAIに任せれば、あなたも気づかない提案が

さて、ビジネスシーンでの生成AI活用といえば、「打ち合わせ」や「商談」などの要約などが先に注目されました。現在、生成AIと連動したサービスとしても、「会議の内容を録音したデータを読み込ませて、テキスト化しさらに要約する」といったものも出てきています。そういった要約などは生成AIの強いところで、すでに本書をお読みのあなたも活用しているかもしれません。

しかし、打ち合わせの要約をしただけでは、まだまだ生成AIを活用し切っているとはいえません。**重要なのは、「MyAIに考えてもらう」という発想です。** 仮に、MyAIへの相談の結果、宮本さんは無事にある法律事務所との打ち合わせをすることができたとします。宮本さんは事前に相手に了承も取ったうえでその音声を録音し、その文字起こしをそのままMyAIに入れてみることにしました。

＃相手の名前
法律事務所の名前：青山リーガルパートナーズ（Aoyama Legal Partners）
担当者の名前：佐藤健太郎（さとう けんたろう）
役職：マーケティングマネージャー

＃内容
佐藤健太郎：「今日はお越しいただき、ありがとうございます。宮本さんの SEO ライティングの実績についてお聞きしたいと思っていました」
宮本愛理：「こちらこそ、お時間をいただきありがとうございます。青山リーガルパートナーズ様が求めている SEO 対策について具体的な提案を持ってきました。これまで私は、法律業界を含むさまざまな業界で SEO 記事を作成してきましたが、特に法律事務所向けのコンテンツは、専門性と検索エンジンでの visibility の両立が重要です」

佐藤健太郎：「そうですね。我々としては、サイトへの訪問者を増やすと同時に、信頼性のある情報を提供したいと考えています。SEO の効果が高い記事というのは、具体的にどのような形になるのでしょうか？」

宮本愛理：「法律事務所の場合、キーワードの選定が非常に重要です。例えば、『遺産相続　弁護士』や『契約書作成　東京』のような地域密着型のキーワードを盛り込みつつ、読者にとって有益な情報を提供します。また、Google の E-E-A-T（Expertise, Authoritativeness, Trustworthiness）に基づいた記事構成を行い、貴所の専門性をしっかりとアピールできる内容にします」

佐藤健太郎：「なるほど、具体的なキーワードと専門性の強調ですね。それは確かに効果が期待できそうです。記事の本数や投稿頻度は、どのようにお考えですか？」

宮本愛理：「まずは月に４本程度の記事を提案します。これにより、継続的にサイトが更新され、SEO 効果が持続します。また、記事の内容やテーマは毎月のトレンドや法律改正に合わせて調整し、常に新しい情報を提供することを心がけます」

佐藤健太郎:「月4本というのは妥当なラインかもしれませんね。ただ、まだ社内での調整が必要かもしれません。具体的に、費用感や納期についてもう少しお伺いしてもいいですか?」

宮本愛理:「もちろんです。SEO記事は内容に応じて価格を設定していますが、貴社のニーズに合わせて柔軟に対応いたします。また、納期についてもご相談の上で決定できます。大体の記事は2週間ほどで納品可能です」

佐藤健太郎:「ありがとうございます。内容は非常に魅力的ですし、SEO対策としても有効だと感じています。ただ、少し社内で検討させていただいてもよろしいでしょうか?上層部とも話し合って、正式にご依頼するかを決めたいと思います」

そして、さらに次のようなプロンプトも冒頭に合わせて入れるのです。

以下の情報は、私が商談をしたときのデータです。私が仕事を取るための提案を3つ以上考えてください。

この商談内容を基に、青山リーガルパートナーズとの契約を獲得するための提案を3つ考えました。

提案1：カスタマイズされたSEOキーワード戦略の提示
青山リーガルパートナーズがターゲットとする顧客層や地域に特化したカスタマイズされたSEOキーワード戦略を提案します。具体的には、事務所が扱う主要な法分野ごとに異なるキーワードを選定し、それを基に記事を作成する計画を提示。例えば、「離婚弁護士　青山」や「労働問題　法律相談」など、競合と差別化できる独自のキーワードを組み込むことで、検索順位の向上を狙います。

提案3：トライアル記事の作成

正式契約前に、トライアルとして1～2本の記事を作成し、実際にSEO効果を確認してもらう提案をします。このトライアル記事は、青山リーガルパートナーズの強みを最大限に引き出す内容にし、公開後のアクセス数や検索順位の変化を測定。これにより、宮本さんのライティングスキルとSEO効果をクライアントに実感してもらいます。

提案4：定期的なレポートと改善提案
契約後には、毎月のSEO記事の効果を詳細に分析し、レポートとして提出する提案を行います。このレポートには、アクセス数の変動やキーワードの検索順位、ユーザーの行動データなどを含め、必要に応じて改善提案も行います。これにより、SEO効果を最大化し、クライアントとの信頼関係を強化します。

提案5：コンテンツの多様化
法律事務所向けのコンテンツとして、記事だけでなく、インフォグラフィックやホワイトペーパー、FAQページなど、さまざまな形式のコンテンツを提案します。これにより、異なる顧客層にアプローチし、SEO効果をさらに高めることが可能です。特に複雑な法律の内容を視覚的にわかりやすく伝えることで、より広い層にリーチできる点を強調します。
これらの提案を通じて、佐藤健太郎さんに宮本さんのスキルと経験が青山リーガルパートナーズにとって大きな価値があることを示し、契約につなげることができるでしょう。

もしこの回答が不十分だと思えば、「ほかには?」と次々に聞いていけばいいでしょう。今回は商談の内容も簡略化されたものでしたが、通常はもっと長くなるであろう議事録を読み込ませれば、より具体的な提案がなされます。なお、本書執筆時点では、一度に入力できる打ち合わせテキストの量は会議時間で言うと1時間程度と思われます。それ以上の打ち合わせに関しては、一度に入れるとエラーが出る恐れがありますが、その場合は「商談の内容は、分割して入れていきます」とMyAIに伝えたうえで、分けて入力していってください。もちろん、一度に入力できる量も、今後は増えると思われます。

社内での打ち合わせであればともかく、今回の例のように、商談を録音させてもらうというのは少しハードルが高いことかもしれません。しかし、Zoom や Microsoft Teams などが普及した結果、数年前と比べて商談の録画・録音のハードルは下がっています。また、生成AIの発展に合わせて、最近ではChatGPTと連動したデバイス型の録音ツールなども登場しています（私は将来的に、生成AIと連動しての録画・録音の活用は、ビジネスの一文化になりうると考えています）。「生成AIを活用して、いい提案をさせて頂ければと考えておりますので、録画してもよろしいでしょうか」と、許可を取れば問題ないでしょう。

ちなみに、録画・録音の文字起こしについては、ChatGPT単体で行うことはできず、現状は他ツールの活用が必要になります。その中で私がお勧めしているのは、「tl;dv」というツールです（図3-2）。Zoom や Google Meet と結合でき、オンライン面談が終わったすぐに文字起こしと要約が完成しているほど、スムーズでスピーディーに動きます。ほかにも文字起こしサービスは無数にあると思われますが、私はこの「tl;dv」が使いやすさも必要も抜群だと考えています。無料版でも使えますが、月10回までの制限があるため、有料の契約をお薦めします。

また、どの文字起こしツールでも、現時点での精度では、完璧な文字起こしをすることは不可能だと思います。しかし、この点は問題ありません。**多少の誤字脱字程度であれば、生成AIは前後の文脈から正しい意味を読み込むことができるのです。**人間が読むための議事録ではなく、AIが読むための議事録であれば、精度を気にする必要はありません。あなたの打ち合わせや商談の内容を入れれば、あなたのことを踏まえて相談に乗ってもらえるし、お客様への提案も考えてもらえる。こんなすばらしいもの、使わない手はありませんよね？

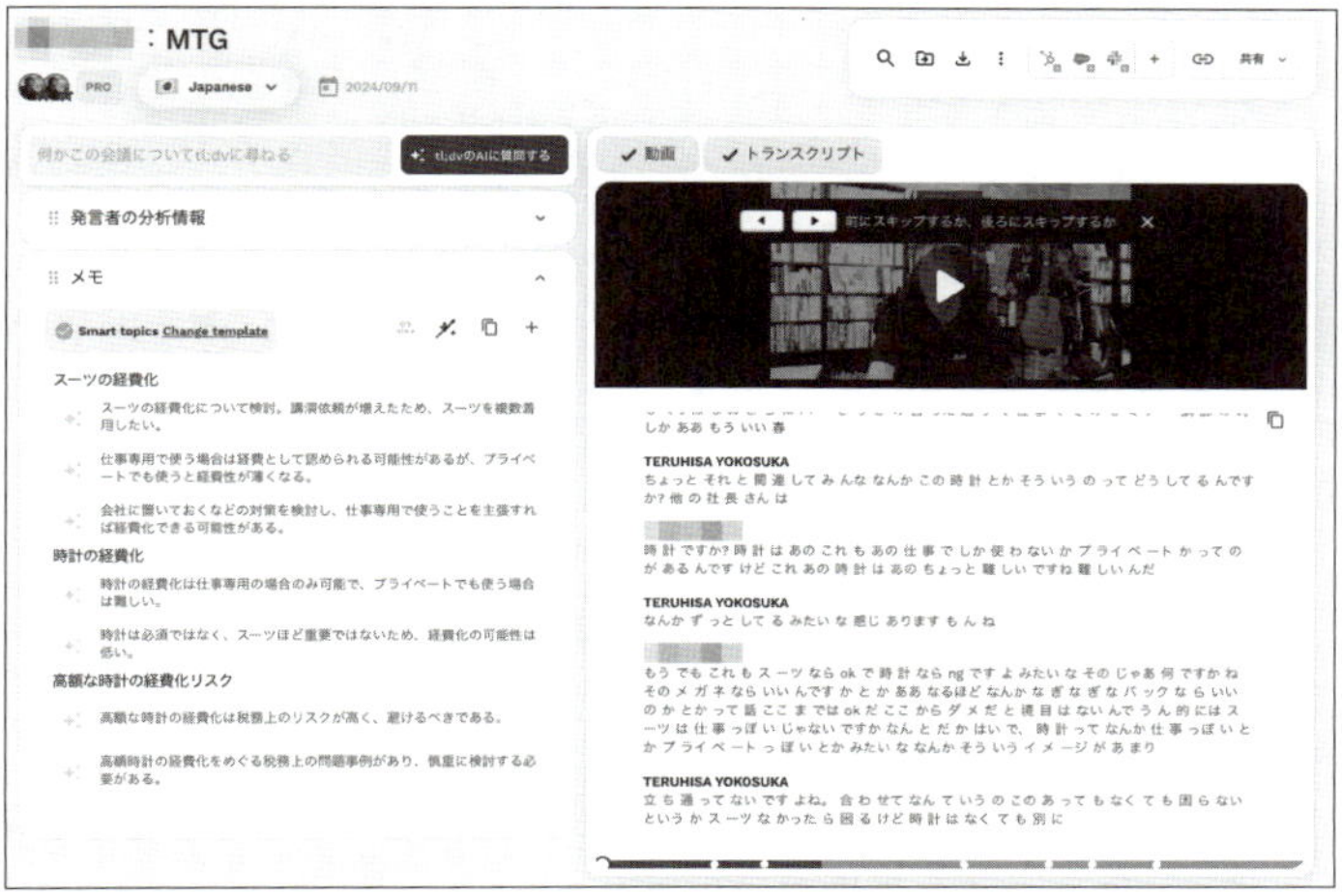

図 3-2　tl;dv 画面

第 4 章

ブログ、SNS……「情報発信」にGPTsを活用する

Story

ソフトウェア開発企業で広報部長を務める山口美咲さん。広報戦略立案からメディアリレーション、SNS運用まで幅広く行うのが彼女の仕事。いまは新製品、「イノバスイート」のプロモーション戦略に注力中。そんな彼女が情報発信 MyAI を手に入れたら、どんな変化があるのだろうか。

情報発信用MyAIの設定をしよう

本章では、情報発信におけるMyAIの使い方を、とある企業の広報担当である「山口美咲」さんを例に説明していきます。名前などのほか、事前に入れる項目の主な例は次のとおりです。

1.目的と目標
目的：情報発信の主な目的
目標：達成したい数値や結果
2.ターゲットオーディエンス
ターゲット層：対象となる層（例：30代IT担当者）

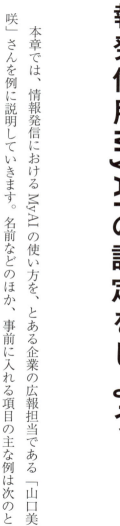

ペルソナ：典型的な顧客像

3.ブランド・企業情報
企業概要：簡潔な企業説明
ブランドのトーン：トーンや雰囲気
過去の広報実績：成功した広報活動

4.主要メッセージ
伝えたい内容の要点：
コアメッセージ：一文で伝える強み

5.競合情報
競合分析：競合の特徴
競合との差別化ポイント：うちの強み

6.事実とデータ
裏付けとなるデータ：参考になる数字や調査結果
具体的な事例やエピソード：成功例など

7.キーワードとトピック
SEO用キーワード：重要なキーワード
話題になりそうなトピック：注目されそうな話題

これらの情報が整理できたら、次のプロンプトと合わせてGPTsにセットします。記入例を合わせて掲載しておきますので、入力の参考にしてください。

「あなたは、ユーザーの情報発信をサポートするGPTsです。ユーザーの提供した情報(例：ターゲットオーディエンス、主要メッセージ、ブランドトーン、目的など)を考慮し、指示された目的に最も適したテキストを生成してください。ブログ記事、SNS投稿、プレスリリースなど、コンテンツの種類に応じてトーンや形式を調整してください」

#プロフィール
名前：山口美咲（やまぐち みさき）
肩書き：広報部長（PR Director）
経歴：慶應義塾大学経済学部卒業後、大手広告代理店にてマーケティング・広報業務に従事。その後、IT企業の広報部門に転職し、現在はソフトウェア開発会社「テックイノベーターズ株式会社」で広報部長を務める。広報戦略立案からメディアリレーション、SNS運用まで幅広く手掛ける。
専門分野と強み：危機管理広報、ブランドストーリーテリング、デジタルメディア戦略。メディアとの強力なネットワークと、ストーリー性の高いコンテンツ作成が得意。
パーソナルな側面：好奇心旺盛で、常に新しいトレンドをキャッチアップ。休日は趣味のフットサルやカフェ巡りでリフレッシュ。
実績とメディア露出：国内外の主要メディアでの取り上げ実績多数。過去には「テックタイムズ」で特集記事を掲載。

広報フィロソフィー：「信頼は積み上げ、ブランドは共感で育てる」。一貫性のあるメッセージ発信を通じて、企業の信頼とブランド価値を高めることを目指す。

#情報発信に関するデータ

1.目的と目標

目的：ブランド認知度の向上とリードジェネレーションの強化。特に新製品「イノバスイート」の市場投入に際して、広く認知を拡大し、初期ユーザーの獲得を目指す。

目標：「イノバスイート」のローンチから3ヶ月以内に、SNSフォロワー数を20％増加させ、リードジェネレーションを50件以上獲得する。

2.ターゲットオーディエンス

ターゲット層：中小企業のIT部門担当者、スタートアップのCTO、フリーランスのソフトウェア開発者。主に30代～40代で、最新のITツールに敏感な層。

ペルソナ：35歳の男性、中小企業のITマネージャー。業務効率化に熱心で、新しいツールを導入することで社内業務を改善しようと考えている。

3.ブランド・企業情報
企業概要：テックイノベーターズ株式会社は、革新的なソフトウェアソリューションを提供するIT企業。ミッションは「テクノロジーを通じて企業の成長を支援すること」。
ブランドのトーン：親しみやすく、信頼性が高い。業界のリーダーとしての自信を持ちながらも、顧客の声に耳を傾ける姿勢を大切にしている。
過去の広報実績：新製品「セキュアガード」のリリースキャンペーンで、主要ITメディアに多数取り上げられ、初期販売目標を2ヶ月前倒しで達成。

4.主要メッセージ
伝えたい内容の要点：「イノバスイート」は、中小企業のIT業務を劇的に効率化するための新しいツールセットであり、導入の容易さと高いコストパフォーマンスが特徴。
コアメッセージ：「イノバスイートで、IT業務の未来を一緒に作りましょう。」

5.競合情報

競合分析：「シスプロ」や「テックシス」などの既存ソリューションが市場に存在。これらは高度なカスタマイズ機能を持つが、導入の複雑さが課題とされている。

競合との差別化ポイント：「イノバスイート」は、シンプルな導入プロセスと直感的なユーザーインターフェースを提供し、特に中小企業が短期間で成果を出せるように設計されている。

6.事実とデータ

裏付けとなるデータ：市場調査によると、中小企業の70％以上が「使いやすさ」と「導入の迅速さ」をソフトウェア選定の最優先事項としている。

具体的な事例やエピソード：ある中小企業で「イノバスイート」を導入後、わずか3ヶ月で業務処理時間が30％削減され、社員の業務満足度が大幅に向上した。

7.キーワードとトピック

SEO用キーワード：「中小企業向けITツール」「業務効率化ソフトウェア」「簡単導入」

「IT マネージャー必見」
話題になりそうなトピック：新製品「イノバスイート」の実際の導入事例、業界の IT トレンドと「イノバスイート」の関連性、中小企業の IT 業務における最新の課題と解決策。

これで、情報発信用の MyAI の完成になります。実際にこれで何ができるか、実践してみましょう。

図 4-1　山口美咲、情報発信用 GPTs

情報整理&文章作成はAIの得意分野

山口さんはまず、プロフィールの見直しから行うことにしました。まずはシンプルに、AIにプロフィールを作成してもらいましょう。

私のプロフィールを500文字で作成してください。

山口美咲（やまぐち みさき）は、テックイノベーターズ株式会社の広報部長として、ブランド認知度の向上とリードジェネレーションの強化を主導しています。慶應義塾大学経済学部を卒業後、大手広告代理店でのマーケティング・広報業務を経て、現在のポジションに就任。特に危機管理広報やブランドストーリーテリングに強みを持ち、デジタルメディア戦略のエキスパートとして活躍中です。彼女はメディアとの強力なネットワークを活かし、テックイノベーターズの製品やサービスを効果的に発信。休日には趣味のフットサルやカフェ巡りを楽しむ一方で、新しいトレンドにも常にアンテナを張っています。広報活動においては「信頼と共感」を重視し、企業のブランド価値向上に寄与しています。

これを自分で添削してもいいのですが、よりプロフィールらしくするために、「一人称を省いたビジネスプロフィールを作成してください」と重ねてプロンプトを入力してみます。

テックイノベーターズ株式会社の広報部長。慶應義塾大学経済学部を卒業後、大手広告代理店でマーケティング・広報業務に従事し、現在のポジションに就任。広報戦略の立案からメディアリレーション、SNS運用まで幅広く手掛ける。特に危機管理広報やブランドストーリーテリングに強みを持ち、デジタルメディア戦略のエキスパートとして活躍中。メディアとの強力なネットワークを駆使し、テックイノベーターズの製品やサービスを効果的に発信。過去には「セキュアガード」のリリースキャンペーンで主要ITメディアに多数取り上げられ、初期販売目標を2カ月前倒しで達成。休日にはフットサルやカフェ巡りでリフレッシュし、常に新しいトレンドをキャッチアップ。広報活動においては「信頼と共感」を重視し、一貫性のあるメッセージ発信を通じて企業の信頼とブランド価値の向上に貢献している。

なかなか立派なものが出てきましたね。

また最近は広報担当ではなくともSNSなどを活用する機会も多くなり、普通の会社員でも自分のプロフィールを考えなければならないことが多くなってきています。たとえば、X（旧Twitter）のプロフィールの文字数は１６０文字。そこで、「１６０文字でプロフィールを作ってください」と指定してみます。

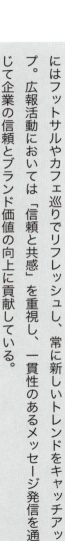

テックイノベーターズ株式会社の広報部長。危機管理広報とブランドストーリーテリングに強みを持ち、デジタルメディア戦略を推進。信頼と共感を重視した広報活動で、企業のブランド価値向上に貢献。

プロフィールは、掲載する媒体によって文字数制限がありますから、その媒体に合わせた文字数の指定をすれば、もうプロフィール作成で悩むことはありません。ただし、1点注意事項として、ChatGPTはその仕様上、文字数のカウントがちょっと苦手です。言い換えれば現時点では文字数指定の出力は少し弱いと言え、いま出力してもらったものも、文字数は基本的に少な目で出てきています。「○○○文字以上で」など指定をおこなえばきちんとボリュームを出してくれるため、文字数を命令することは有効ではありますが、念のため覚えておいてください。

さてさらに、このプロフィールづくりは応用することができます。たとえば、この架空の広報マンの山口美咲さんですが、IT企業で広報の仕事をしてきたというキャリアになっています。そのIT企業のキャリアが評価されて、あるTech系イベントのプロモーション案件が入ってきたとしましょう。そのイベントの関係者にプレゼンをしなければなりません。そのときのプロフィールは、IT企業での広報をしてきたことをPRしたいはず。そこで、こんなプロンプトを入れてみます。

私のプロフィールを、IT企業の広報の仕事をしてきたことを強調して、その分野に強いことがわかるように400文字で表現してください。

テックイノベーターズ株式会社の広報部長として、IT業界における広報業務に精通。慶應義塾大学経済学部卒業後、大手広告代理店でマーケティング・広報の経験を積み、その後IT企業に転職。以来、広報戦略の立案からメディアリレーション、SNS運用に至るまで、幅広くIT分野の広報を手掛ける。特に、危機管理広報やブランドストーリーテリングにおいて高い評価を得ており、テックイノベーターズの広報活動をリードしながら、数々の成功事例を生み出している。デジタルメディア戦略のエキスパートとして、複雑なITソリューションをわかりやすく伝える力を持ち、業界内での影響力を拡大し続けている。

このように、IT企業の広報を行ってきたことが強調されます。このように、**一度情報を入れてしまえば、さまざまな応用が可能なわけです。**

SNSの投稿原稿を作るのも超かんたん

次は、ブログやSNSの投稿を考えてみましょう。

先ほどはプロフィールを例にしましたが、リアルな商品名やサービス名などでも、MyAIに文章を書いてもらうことができます。たとえば自分の担当する製品の情報を詳しく入れておけば、セミナーで、チラシで、会社案内でと、都度の用途に応じた文章を出力させることが可能です。

山口さんは自身の公式Xアカウントで日々広報活動をおこなっていますが、毎日ネタを考え、原稿を作るのに時間がかかっているようです。そこで、たたき台をMyAIにサクッと作ってもらいましょう。まずは、SNS投稿の目的を明確にします。ここでは、山口さんが務める会社の新製品「イノバスイート」のプロモーションを目的とするSNS投稿をすることにしましょう。その場合、製品の情報を詳しくGPTsに入れる必要があります。そこで、イノバスイートの詳細情報を入力しておきます。

＃製品名：イノバスイート（InnovaSuite）

＃製品概要

イノバスイートは、主に中小企業向けに開発された総合的なIT業務効率化ソフトウェアパッケージ。各種業務を統合管理できるため、企業のITリソースを最大限に活用し、業務プロセスの効率化とコスト削減を実現します。クラウドベースで提供され、使いやすいユーザーインターフェースと柔軟なカスタマイズオプションを特徴としています。

＃主要機能

1.タスク管理システム

プロジェクトや日常業務の進捗を一元管理。タスクの優先順位設定、進捗状況のリアルタイム追跡が可能。

主な特長：担当者間のコミュニケーション機能、期日通知、タスクの依存関係管理。

2.ドキュメント管理

企業内のドキュメントをクラウド上で安全に保管、共有、管理する機能。
主な特長：高度なアクセス制御、バージョン管理、ドキュメントの検索機能。

3.カスタマーサポート管理
顧客からの問い合わせやサポートチケットを一元管理し、対応状況を可視化。
主な特長：チケットの優先順位設定、履歴管理、顧客対応の自動化オプション。

4.データ分析ダッシュボード
各種業務のデータを集約し、リアルタイムでの可視化や分析が可能。業績や業務効率の向上に役立つ。
主な特長：カスタマイズ可能なレポート機能、予測分析、パフォーマンスの指標設定。

5.従業員管理システム
勤怠管理や人事情報の一元管理をサポート。社員のパフォーマンスや出席状況をリアルタイムで追跡。

主な特長：出退勤の自動記録、休暇管理、パフォーマンス評価ツール。

#導入のメリット

1.短期間での導入が可能

クラウドベースで提供されるため、物理的なインフラ整備が不要。セットアップは数時間で完了し、即座に使用開始可能。

2.高いコストパフォーマンス

各機能を別々に購入するよりも大幅にコスト削減が可能。中小企業向けのリーズナブルな価格設定。

3.ユーザーインターフェースの使いやすさ

直感的でシンプルなデザイン。ITリテラシーが高くない社員でも簡単に操作可能。

4.カスタマイズの柔軟性

企業の特定のニーズに応じて、各機能を柔軟にカスタマイズ可能。成長に伴う機能追加も容易。

5.高度なセキュリティ機能
データはすべて暗号化され、クラウドサーバーに安全に保管。アクセス制限や二要素認証など、企業の機密情報を守るための高度なセキュリティ機能を標準装備。

#製品のバックアップサポート
1.24/7のカスタマーサポート
専門のサポートチームが24時間365日対応。トラブルシューティングや技術サポートを迅速に提供。

2.定期的なアップデートと機能追加
定期的にソフトウェアのアップデートが行われ、最新の機能やセキュリティパッチが自動的に適用される。

3.導入トレーニングプログラム

導入時に企業向けのトレーニングプログラムを提供。社員が迅速に「イノバスイート」を使いこなせるようサポート。

競合製品との比較

イノバスイートは、競合製品に対して以下の点で優れています：

簡単な導入プロセス：競合製品が複雑な設定を必要とするのに対し、イノバスイートはシンプルで迅速な導入が可能。

価格の透明性：競合がオプションごとに追加料金を設定しているのに対し、イノバスイートは包括的な価格設定で予算管理が容易。

ユーザーサポートの質：競合他社ではカスタマーサポートが制限されている中、イノバスイートは24/7のサポートを提供。

マーケットポジション

イノバスイートは、中小企業市場をターゲットにしており、特にITリソースが限られている企業に対して強力なソリューションを提供します。市場での競争力は、低コストでありながら高機能なサービスを提供できる点にあります。特に、成長企業やスタートアップが求める迅速な導入とスケーラビリティに優れており、短期間で成果を出すことが期待できます。

#事例・ケーススタディ
1.星野精工株式会社（中小製造業）
「イノバスイート」導入後、業務プロセスの見直しを行い、生産性が25%向上。従業員のタスク管理が一元化され、情報共有がスムーズに。
2.ネオフュージョン株式会社（スタートアップ企業）
「イノバスイート」を導入することで、迅速にITインフラを整備。導入初月でコストを30%削減し、プロジェクト進捗管理が効率化された。

#製品の今後の展望

今後、イノバスイートはAI機能を活用した業務自動化ツールの導入を予定しており、さらに効率的な業務管理を可能にします。また、モバイル対応を強化し、いつでもどこでも業務を管理できる環境を整備する予定です。次期アップデートでは、チャットボット機能や高度な分析ツールの追加が予定されており、よりスマートな業務運営が実現します。

これに対して山口美咲さんの情報発信MyGPTに次のようなプロンプトを入れてみます。

イノバスイートを拡散するためのSNS投稿投稿用のテキストを300文字で作成してください。

【中小企業の皆様へ】業務効率化に革命を!新製品「イノバスイート」は、タスク管理からデータ分析まで、IT業務を一元管理するオールインワンツールです。導入が簡単で、短期間で成果を出せるので、業務効率を劇的に改善します。今なら初回導入キャンペーン実施中!詳細はリンクをチェックして、IT業務の未来を一緒に作りましょ

う！ #業務効率化 #中小企業向けITツール #イノバスイート

このように、製品の説明をいちいち入れることなく、SNS投稿用のテキストを作ることができます。今回の出力は単に「300文字のSNS投稿用」という指定でしたが、少し工夫することで、さまざまな出力が可能です。

イノバスイートを使いたくなるような、ITライフハック5選ノウハウを300文字以内で作成してください

1.タスクを一元管理:「イノバスイート」で日々のタスクを一元管理。優先順位を明確にして、無駄な時間を削減！
2.ドキュメント整理が簡単:クラウド上でドキュメントを安全に管理。検索も簡単で、探し物に困らない！
3.データ分析で意思決定:リアルタイムのデータ分析ダッシュボードで、素早く最適な判断を。

4.顧客対応を効率化：カスタマーサポート管理機能で、顧客対応がスムーズに。
5.どこでも働ける環境：クラウド対応だから、場所を選ばずどこでも業務を管理。仕事の効率が格段に向上！

と、このような解説テキストの作成も可能です。

●ニュース記事を要約させる

大きな声ではいえませんが、こんな使い方もあります。SNSだと、ニュース記事を引用してコメントをするという投稿方法も主流です。でも、ニュースを読んで、コメントを考えて……というのは意外と時間のかかるものです。そこで、この情報発信MyAIを使います。プロンプトは次のとおりです。

下記のニュース記事に対して、私のキャリアを考慮した上で、専門家としてのコメントを300文字で作成してください。

#ニュース記事全文を入力する

このようなプロンプトを入れれば、ニュース記事を読まなくてもあなたの専門的な意見を出力することができるのです。日々のSNSの投稿ネタを考えるのに困っている人にとっては、劇的な時間短縮になります。

なお執筆時点では、ニュース記事全文をコピペで貼る必要があります。ただこれも、いずれURLを貼るだけで、完璧な読み込みがスピーディにできるはずです。

ブログの執筆もお手の物

日々のSNS投稿がラクになった山口さんは、続けてより時間がかかるPRブログ投稿にもMyAIを活用したい、と考え始めました。もちろんSNS同様に、ブログ記事の原稿に関しても出力が可能です。ただし、現時点では、ChatGPTが一度に出力できる文字数は2000文字程度です。そのため、SEO対策に適した原稿量を確保するには、何度かに分けての出力が必要になります。「○○○をテーマにしたブログを書いて」と入れて、それを分割して書いてもらってもいいのですが、どうせなら少し工夫をしてみましょう。

まずは山口さんの情報発信MyAIに、ブログネタを考えてもらいます。ここでは回答の方向性をあらかじめ定めておくために、その際、ブログの目的（イノバスイートの注文を取るため）と、SEO対策という指定は、こちらから指定しておきます。

イノバスイートの注文を取るために、SEOを意識したブログ記事のテーマ、タイトル、本文の構成をひとつ考えてください。

テーマ：「中小企業が抱えるIT業務の課題を解決する方法とは？イノバスイートの活用事例」

タイトル：「IT業務の効率化に悩む中小企業必見！今すぐ使える『イノバスイート』の

導入事例と成功ポイント」

本文構成：
1.導入部分（イントロダクション）
パラグラフ1：
現代の中小企業が直面するIT業務の複雑化とリソース不足の課題について説明。
「業務の効率化を求める一方で、どのツールを導入すべきか迷っている」という中小企業のITマネージャーや経営者に共感を呼び起こす内容。
パラグラフ2：
これらの課題に対応するために設計された「イノバスイート」が、どのように企業のIT業務を簡素化し、効率化を実現するかを簡単に紹介。
2.セクション1：中小企業が抱えるIT業務の具体的な課題
パラグラフ1：
多くの中小企業が、タスク管理やドキュメント管理、カスタマーサポート対応などで効率性を欠いている現状を具体的に示す。

パラグラフ2：
導入コストや複雑なシステムを扱うための専門知識が不足していることが、ITツールの採用を遅らせる要因となっている点を指摘。
3.セクション2：イノバスイートが提供する解決策
パラグラフ1：
「イノバスイート」が提供する主な機能（タスク管理システム、ドキュメント管理、カスタマーサポート管理、データ分析ダッシュボード、従業員管理システム）を詳しく説明。
パラグラフ2：
各機能がどのように課題を解決し、短期間で企業のIT業務を最適化できるかを具体的なシナリオを交えて解説。
4.セクション3：実際の導入事例と成功ポイント
パラグラフ1：
星野精工株式会社やネオフュージョン株式会社の成功事例を紹介。イノバスイート導入後の改善ポイント（業務処理時間の短縮、顧客対応の効率化、コスト削減）を具体的に述べる。
パラグラフ2：
これらの事例から得られる教訓や成功のポイントをまとめ、読者が自身の企業での導入に役立てられるヒントを提示。
5.セクション4：イノバスイート導入のメリットと今後の展望
パラグラフ1：
イノバスイートの導入の容易さ、高いコストパフォーマンス、ユーザーインターフェースの使いやすさなどのメリットを強調。
パラグラフ2：
今後の機能追加やアップデート計画（AI機能やモバイル対応の強化）についても触れ、未来への展望を描く。
6.結論と次のステップ
パラグラフ1：
イノバスイートが中小企業のIT業務を効率化し、成長をサポートする最適なツールであると総括。

パラグラフ２：
読者に「今すぐ無料デモを試して、イノバスイートの実力を実感してみましょう」と行動を促す強力な CTA（Call to Action）で締めくくる。

一般的に、SEO 対策に適したブログ記事の原稿は、５０００文字以上だと言われています。そこで、それぞれを１０００文字程度で出力するプロンプトを入れるのです。

導入部分を1000文字で執筆してください。

現代の中小企業は、急速に進化するビジネス環境に対応するため、日々多くの課題に直面しています。その中でも特に大きな悩みの一つが、IT 業務の効率化です。中小企業は、大企業とは異なり、限られたリソースで多岐にわたる業務を管理しなければならず、効果的な IT ツールの導入が業績向上の鍵となります。しかし、実際には「どのツールを導入すべきか」「コストに見合う成果が得られるのか」「導入が複雑すぎて運用できるか」という不安が先立ち、なかなか一歩を踏み出せない企業が少なくありません。

たとえば、タスク管理やドキュメント管理、顧客対応のプロセスが煩雑になり、業務全体の効率が低下するケースが多く見受けられます。特に、中小企業では限られた人員でこれらの業務を行うため、一人ひとりの業務負担が増大し、結果として生産性の低下や社員のモチベーション低下に繋がることも少なくありません。また、複数のITツールを導入しても、それぞれのツールが連携していないためにデータの一元管理が難しくなり、情報の共有や意思決定に時間がかかることもしばしばです。

このような状況に対して、業務効率化を図り、企業全体のパフォーマンスを向上させるためには、統合的なITソリューションが必要です。しかし、実際に導入するとなると、時間やコストがかかる上に、システムが複雑であると運用自体が難しくなり、逆に負担が増えてしまうリスクもあります。このジレンマに悩む中小企業にとって、手軽に導入でき、かつ短期間で効果が期待できるツールは理想的な解決策となるでしょう。

そこで登場するのが、総合的なIT業務効率化ツール「イノバスイート」です。イノバスイートは、中小企業が抱えるIT業務の課題を解決するために設計された、クラウドベースのソフトウェアパッケージです。タスク管理、ドキュメント管理、カスタマーサポート管理、データ分析、従業員管理など、企業の日常業務を包括的にサポートし、これらを一元管理することで、業務の効率化を実現します。

さらに、イノバスイートは導入が非常に簡単で、ITリテラシーがそれほど高くない社員でも直感的に操作できる点が大きな特徴です。システムのセットアップは数時間で完了し、即座に使用を開始できるため、企業にとっては大幅な時間とコストの節約が可能です。また、柔軟なカスタマイズが可能で、企業の成長に応じて機能を追加することも容易です。

今、数多くの中小企業がイノバスイートを導入し、短期間で劇的な成果を上げています。本記事では、これらの導入事例を紹介しながら、イノバスイートがどのように企業のIT業務を変革し、成長を支援しているのかを詳しく見ていきます。今まさにIT

業務の効率化に悩む企業にとって、イノバスイートは理想的なソリューションとなることでしょう。

あとは、これを構成の数だけ繰り返していけば、SEO対策も万全で、案件の獲得も狙える記事のできあがり、ということになります。いまは複数回繰り返しプロンプトを入れることでボリュームを確保していますが、このあたりもいずれ出力量が増えることは間違いありません。いずれはプロンプト1回で、長文のブログ原稿ができてしまうでしょう。

もちろん、テーマそのもののアイディア出しのみに使うのも有効です。ほかにも毎週記事を公開したいのであれば、月間スケジュールを考えてもらうのもいいでしょう。すでに説明していますが、「何に使えるか」ということ自体を、MyAIに聞いたっていいのです。**わからないことがあれば、「とりあえずAIに聞いてみる」という姿勢はきわめて重要です。**

YouTubeやTikTokの台本も作れる

「広報」といえば、いまはSNSやブログに留まらず、動画でのPRも盛況です。

トークそのものがうまく、話すのが得意という人には縁がありませんが、なかには「広報担当になって、YouTube動画を撮ることになった。でも、話すのが得意じゃない。せめて台本さえあれば…」という人もいるはずです。

そこで、またこの情報発信MyAIを使います。プロンプトはシンプルに次のように入れてみましょう。

> 私がイノバスイートの注文を取るためのYouTube動画のテーマとタイトル、トークのみの10分動画の台本を項目ごとに箇条書きでつくってください。

すると、下記のようなテキストが出力されます。

テーマ：「中小企業向けIT業務効率化の決定版！イノバスイートを使った成功事例と導入のメリット」

タイトル：「イノバスイートが中小企業のIT業務を劇的に変える理由とは？【導入事例&メリット解説】」

台本構成：

1. オープニング（1分）

・挨拶と自己紹介

・動画の目的紹介：「今日は、中小企業のIT業務を効率化するための最適なツール『イノバスイート』についてお話しします。」

・視聴者の悩みを引き出す質問：「皆さん、IT業務の管理が複雑で困っていませんか？または、現在のツールに満足していないと感じていませんか？」

2.イノバスイートの概要紹介（2分）
・イノバスイートの基本概要説明
・「イノバスイートは、中小企業向けに設計された、クラウドベースのIT業務効率化ツールです。」
・主要機能の紹介：タスク管理、ドキュメント管理、カスタマーサポート、データ分析、従業員管理の5つの柱を簡単に説明。
・導入の簡便さとコストパフォーマンスの強調：「数時間で導入可能で、非常にリーズナブルな価格設定です。」

3.導入事例の紹介（3分）
・星野精工株式会社の事例紹介：「製造業である星野精工株式会社では、イノバスイート導入後に生産性が25%向上しました。」
・導入前の課題と導入後の成果を具体的に説明：「タスク管理の混乱が解消され、情報共有がスムーズになりました。」
・ネオフュージョン株式会社の事例紹介：「スタートアップ企業のネオフュージョン株

式会社では、コストを30%削減し、ITインフラの整備が迅速に完了しました。」
・成功の要因を解説：「直感的な操作性と、企業成長に合わせた柔軟なカスタマイズがポイントでした。」

4.イノバスイートの導入メリット（2分）
・業務効率化のメリット：「タスクやドキュメントの管理が一元化されることで、業務のスピードが大幅に向上します。」
・コスト削減：「複数のツールを個別に導入するよりも、イノバスイートのほうがコスト効率が良いです。」
・セキュリティとサポートの強み：「高度なセキュリティ機能と24/7のカスタマーサポートがあるため、安心して利用できます。」

5.今後の展望と新機能の紹介（1分）
・新機能やモバイル対応強化の紹介：「イノバスイートは今後、AIを活用した業務自動化やモバイル対応をさらに強化していきます。」

・企業の未来をサポートするビジョンを共有：「私たちの目標は、すべての中小企業がIT業務を効果的に管理できる環境を提供することです。」

6.結論と視聴者へのメッセージ（1分）

・イノバスイートの総括：「イノバスイートは、中小企業が抱えるIT業務の課題を解決し、成長をサポートする最適なツールです。」
・視聴者へのアクションを促す：「この動画を見て、少しでも興味を持った方は、ぜひ無料デモをお試しください。動画下のリンクからアクセスできます。」
・視聴者への感謝の言葉と締めの挨拶：「最後までご視聴いただき、ありがとうございました。ぜひ次回もお楽しみに！」

参考ポイント

・各セクションで視聴者の共感を引き出す問いかけや、成功事例を具体的に語ることで信頼感を醸成します。
・動画の最後には強力なCTA（Call to Action）を配置し、視聴者が次のステップを

踏みやすいように促します。

もし、こうした項目だけでなく、原稿そのものがほしければ、「私がイノバスイートの注文を取るためのYouTube動画のテーマとタイトル、トークのみの10分動画の台本をつくってください」と項目を削除してプロンプトを入力すれば、原稿そのものまで出てきます。動画を通じて情報発信したい人は、このように使うことができるわけです。

なお、動画の台本のみならず、動画の制作そのものについても、もちろんAIの活用は進められています。たとえば、２０２４年2月にOpenAI社から発表された動画生成AI「SORA」のクオリティの高さには、関係者のみならず、多くの人が驚きました。ほかにも、自分が数分話している動画をAIに渡せば、それを学習元としてアバターを生成し、あたかも自分が話しているかのような動画を量産できる生成AIサービスなども出てきていま す。いずれ動画の分野でもプロンプトひとつで、販促用の動画などを作ることができるようになるのかもしれません。

こうした動画生成AIが進化する一方で、「人間が話す」ことの価値が下がったかというと、けっしてそんなことはありません。経営者自らや、実際の生産者が話すことによってその信憑性は高まりますし、やはり人間が話す価値は、今後も残り続けると考えています。テロップをつけたり、タイトルを入れるなどそういった細かい点に関しては生成AIの領域になると思いますが、YouTubeやTikTokで、トーク動画を出し続ける人は存在し続けるはずです。

原稿出力の発展編 ~SNS用原稿特化のGPTsを作る

さて、発展編としてひとつだけ。今回は「MyAIにプロンプトを入れて、さまざまな形の原稿を出力する」という方法で情報発信を効率化するやり方を解説しました。

もちろん、これだけでもかなりの業務効率化を実現しているわけですが、さらに効率化するために、情報発信専門でかつ特定用途に特化したGPTsを作ることも可能です。例えば、SNS投稿用の原稿を作る「だけ」のGPTsは次のように作ります。

あなたはユーザーの情報発信をサポートするGPTです。ユーザーから「書いて」と言われたら、下記のユーザーの特性を考慮した上で、中小企業に役立つ広報のノウハウに関するテーマをランダムで考え、SNS投稿用の原稿300文字で書いてください。

ユーザー情報
※以下、ユーザー情報をコピペで入れる

実際に「書いて」とだけ入れてみてください。そうすると、指定のとおりの原稿が出力されます。内容に納得がいかなければ「ほかには？」と入れると別の原稿が出てきたりします。このように、**原稿執筆に特化したGPTsを作れば、さらなる情報発信の効率化が可能になるでしょう。**

図4-2　山口美咲　SNS投稿専用GPTs

「書いて」

【SNS投稿原稿】
IT部門の皆さん、新しいツールの導入に躊躇していませんか？「イノバスイート」は中小企業向けに設計された、簡単で効果的なIT業務効率化ソリューションです。特にプロジェクト管理やドキュメント管理、カスタマーサポートの機能が充実しており、短期間での導入が可能。導入後は業務処理時間を大幅に削減し、社員の生産性と満足度を向上させます。ぜひ、この機会に「イノバスイート」を導入し、IT業務の未来を一緒に築きましょう！ #中小企業向けIT #業務効率化 #イノバスイート

「ほかには？」

【SNS投稿原稿】
テレワークが定着する中、IT部門の課題は増えるばかり。「イノバスイート」は、そんな課題を一気に解決するためのオールインワンツールです。タスク管理からデータ分析まで、すべてが一つのプラットフォームで完結。直感的な操作性で、ITリテラシーが高くない社員でも簡単に使いこなせます。業務効率化はもちろん、セキュリティ対策も万全です。今こそ、業務プロセスを見直し、生産性を飛躍的に向上させましょう！ #テレワーク #ITツール #業務改善

あとはアイディア次第です。たとえば、ニュース記事に関する専門家としてのコメントを書くプロンプトを紹介しましたが、ニュース記事をコピペで貼ったら、専門家としての記事を出力する専門のGPTsを作ることもできます。もちろん、MyAIにはあなたの情報が入っていますので、それで充分あなたらしい情報発信になります。

ただし、現場の事例や本当のノウハウは、やはり自分で書く方が魅力的なのはいうまでもありません。**生成AIが書いた原稿は下書きとして使い、コンテンツを追加するなどの工夫をすると、さらに独自の情報発信が可能になることでしょう。**

第 5 章

事業立案、社内ナレッジ共有……「経営」にGPTsを活用する

Story

東京都渋谷区で三店舗を持つカフェを経営する龍崎剣也さん。独立開業したあと、順調に経営を拡大させてきた。ところが、近年の物価高騰や人材不足、ライバル店の出店などが進み、売上は停滞している。そんな龍崎さんのお店はMyAIで、どんな変化があるだろうか。

経営用MyAIの設定をしよう

本章では、「経営」に関するMyAIの設定とその活用法について解説していきます。GPTsに入れる項目は次のとおり。経営上の相談になるので、少し項目が多いですが、入れる情報が詳細であればあるほど、いい回答やアイディアを出してくれます。ここはがんばって記入していきましょう。

1.企業情報
会社名、設立年、所在地、資本金、代表者名
2.企業規模
従業員数（正社員・パート・アルバイトを含めた全従業員数）：1〜10人／11〜50人／

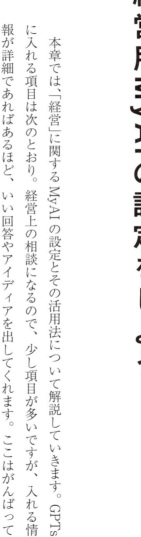

51~200人／201~500人／501人以上
年間売上高（過去1年間の総売上高）：~1000万円／1000万円~1億円／1億円~10億円／10億円~50億円／50億円以上
拠点数（国内外の全オフィス、店舗、工場など）：1拠点／2~5拠点／6~10拠点／11拠点以上

3.経営者の目標
短期目標：「次の6か月で売上を20%増加させる」「新製品を市場に投入する」など、具体的な目標
テンプレート：「次の○○ヶ月で△△を達成したい」
長期目標：「5年以内に国内シェアNo.1を目指す」「事業を海外に展開する」など、企業の将来像や大きな目標
テンプレート：「△△年以内に□□を目指す」

4.現状の課題

経営上の悩み：売上低下／コスト増加／新規顧客の獲得／従業員のモチベーション／その他（自由記述）
業務のボトルネック：生産効率／販売プロセス／顧客対応／ITインフラ／その他（自由記述）

5.競合・市場情報
主な競合：記入例：競合企業の名前やブランド。
市場動向：選択肢：市場拡大中／市場縮小中／技術革新が進んでいる／競争が激化している／その他（自由記述）

6.顧客情報
ターゲット顧客：個人／中小企業／大企業／公共機関／その他（自由記述）
顧客満足度：非常に満足している／満足している／普通／不満がある／非常に不満がある

7.リソース・強み
経営資源：優れた技術力／熟練した人材／強力なブランド／資金力／その他（自由記述）
ユニークポイント：「業界唯一の特許技術を持っている」「独自のサービスモデル」など

8.マーケティング状況
現在のマーケティング戦略：オンライン広告／口コミ／メディア露出／展示会／ダイレクトセールス／その他（自由記述）
マーケティングの成果：非常に良い／良い／普通／悪い／非常に悪い

9.財務情報
主要な財務指標：黒字／赤字／トントン
資金調達の状況：借入金あり／借入金なし／投資を受けている／自己資金のみ

10.組織体制
組織図：組織図があれば添付、または簡単な説明を記入。
人材の現状：優秀な人材が多い／平均的な人材／人材不足／人材に課題がある
11.今後の計画
新規プロジェクト（進行中または計画中のプロジェクト）：「新商品を来年発売」「海外進出計画」など。
リスク管理：リスクが少ない／リスクがあるが管理できている／リスクが大きい／リスク管理が不十分

わかりやすい業種の例として、飲食店の記入例を掲載しておきますので、これを参考に入力してみてください。

＃基本情報
1.会社名：サンシャインカフェ株式会社

2.設立年：2015年設立
3.所在地：東京都渋谷区○○
4.資本金：1000万円
5.代表者名：龍崎剣也

#企業規模
従業員数：50人
年間売上高：1億円
拠点数：3拠点

#経営者の目標
短期目標：次の6か月で新しいメニューを導入し、売上を10%増加させる。
長期目標：3年以内に10店舗を展開し、地域密着型のカフェチェーンとしてのブランドを確立する。

＃現状の課題
経営上の悩み：新規顧客の獲得とリピーターの増加。
業務のボトルネック：キッチンのオペレーション効率が低く、ピーク時に対応が遅れる。

＃競合・市場情報
主な競合：スターバックス、タリーズコーヒー
市場動向：競争が激化しており、健康志向のメニューが人気。

＃顧客情報
ターゲット顧客：個人客（20～40代女性）
顧客満足度：満足しているが、価格に敏感な顧客が増えている。

＃リソース・強み
経営資源：地元での高い認知度と常連客。

ユニークポイント：地元の食材を使ったオリジナルメニューが強み。

#マーケティング状況
現在のマーケティング戦略：SNS広告と口コミを中心に展開。
マーケティングの成果：普通。広告に対する反応が弱くなってきている。

#財務情報
主要な財務指標：黒字
資金調達の状況：借入金あり

#組織体制
組織図：組織図あり（経営者、店長、キッチンスタッフ、サービススタッフなど）
人材の現状：人材不足が課題。特にキッチンスタッフの確保が難しい。

#今後の計画

新規プロジェクト：新メニューの開発とそれに伴うプロモーションを計画中。
リスク管理：リスクがあるが管理できている。特に原材料費の高騰リスクに対処するため、地元の農家との提携を強化中。

GPTsに情報を入れるときは、次のプロンプトを合わせて記入します。これであなたの企業の経営コンサルタントが、ChatGPT上に誕生することになります。

あなたはユーザーの経営コンサルタントです。ユーザーの企業情報を踏まえた上で、ユーザーの経営する企業の業績が向上するようにアドバイスをしてください。

それではさっそく、市場分析からはじめてみましょう。

図5-1　龍崎剣也、経営用GPTs

市場をAIに分析させてみよう

まずは比較のため、前提を何も学習させていない、通常のChatGPTに東京都の飲食業界の市場分析をシンプルに依頼してみます。

東京の飲食業界を市場分析して。

東京都の飲食業界に関する市場分析を行います。以下の主要な観点から分析を進めます。

1.市場規模
東京都の飲食業界は、日本国内でも最大規模を誇ります。これは、東京都が日本の経済、文化、観光の中心地であることが影響しています。人口が約1400万人を超える東京都では、外食産業の需要が非常に高く、特に都心部では高級レストランからカジュアルなファストフードまで、幅広いジャンルの飲食店が競争しています。

2.競争環境

東京都は、飲食業界における競争が非常に激しい地域です。特に、中央区や港区、渋谷区、新宿区といった主要な商業エリアでは、国内外の有名店が集積しています。また、ミシュランガイドで星を獲得しているレストランも多く、世界的にも評価の高い飲食店が集中しています。このため、新規参入者には厳しい競争環境が待ち受けています。

3.消費者の動向

東京都の消費者は、外食への支出が高く、多様なニーズを持っています。グルメ志向が強く、新しい食文化やトレンドに敏感です。特に、健康志向やエコ志向が高まっており、ベジタリアンやヴィーガンメニュー、オーガニック食材を使用した料理が注目を集めています。また、デリバリーやテイクアウトの需要も増加傾向にあります。

4.観光客の影響
東京都は観光客が多く訪れる都市でもあります。コロナ禍以前は、特に外国人観光客による飲食店利用が増加しており、和食や寿司、ラーメンなどの日本料理店は人気が高いです。最近では観光が再開され、飲食店に対する観光客の需要が再び回復しつつあります。

5.トレンド
最近のトレンドとして、テクノロジーの導入が進んでいます。スマートフォンでの注文、キャッシュレス決済、AIによる顧客データ分析などが広がりつつあります。また、コロナ禍を契機に、テイクアウト専門店やクラウドキッチンといった新しいビジネスモデルも登場しており、これらが業界に与える影響が注目されています。

6.課題とリスク

飲食業界は、労働力不足や高コスト構造といった課題に直面しています。特に東京都では、土地や店舗の賃料が高く、人件費も上昇傾向にあります。また、競争の激化により、差別化戦略の必要性がますます高まっています。さらに、感染症の再流行や経済不況など、外部環境の変化によるリスクも無視できません。

7.将来展望
東京都の飲食業界は、多様化と専門化が進むと予想されます。持続可能性や健康志向を重視する消費者の増加に伴い、エシカルなビジネスモデルや環境に配慮した飲食店が増える可能性があります。また、デジタルトランスフォーメーションの進展により、より効率的で消費者ニーズに合ったサービス提供が求められるでしょう。
これらの観点から、東京都の飲食業界は引き続き成長が見込まれますが、競争環境や消費者ニーズの変化に迅速に対応する必要があります。

と、このようにいわゆる一般論的回答が出力されます。もちろん、この分析を数分で行うだけでも物凄いことなのですが、MyAIに聞いてみるとどうでしょうか。すると、今度はより企業情報に沿った市場分析が行われます。

当社の情報を踏まえて、現状の市場分析をしてください。

サンシャインカフェ株式会社の市場分析を行います。以下は、現状を踏まえた市場動向、競合分析、ターゲット顧客の動向についての詳細な分析です。

1.市場動向

現在、カフェ業界は競争が激化しており、特に以下のトレンドが顕著です。

・健康志向の高まり：消費者は健康に対する関心が高くなっており、低カロリー、オーガニック、ビーガン、グルテンフリーといったメニューが求められています。このトレンドは、特に女性顧客に強く、サンシャインカフェがターゲットとする20～40代の女性にリーチするためには重要な要素です。

・価格競争：経済の先行き不透明感から、価格に敏感な消費者が増加しています。カフェ業界全体での価格競争が激化しているため、値ごろ感のあるメニューやお得なセットメニューなどの展開が重要になります。

・デジタルマーケティングの重要性：SNSを利用したマーケティングは依然として有効ですが、競争が激化する中で差別化が難しくなってきています。消費者がよりエンゲージメントの高いコンテンツを求めるようになっているため、コンテンツの質やユニークさが重要です。

2.競合分析

サンシャインカフェの主な競合として、スターバックスやタリーズコーヒーが挙げられます。これらの競合は、ブランド力や規模の大きさを活かして広範な顧客基盤を持っています。競合に対してサンシャインカフェが強みを発揮できる領域は以下の通りです。

・ローカル感と地域密着：地元食材を使ったオリジナルメニューは、競合に対する差別化要因となります。地域密着型の店舗として、地元コミュニティとの連携を強化し、地域住民に支持されるブランドを築くことができます。

・ユニークなメニュー開発：健康志向や地元食材を活かしたメニューは、他の大手チェーンが提供しにくい独自性を持っています。これを積極的にプロモーションし、ブランドの独自性を強調することが重要です。

3.ターゲット顧客の動向

サンシャインカフェの主要ターゲットである20〜40代の女性について、次のような傾向が見られます。

・SNSへの高い関心：特にInstagramやTikTokといった視覚的要素の強いSNSでの発信が効果的です。ビジュアル的に魅力的なメニューや店舗デザインを活かし、これらのプラットフォームでの拡散を狙うべきです。

・体験価値の重視：単に食べるだけでなく、店内の雰囲気や特別な体験を求める傾向があります。例えば、期間限定のイベントやインスタレーション、テーマに基づいたメニュー展開などが有効です。

・価格感度の上昇：価格に対する敏感さが高まっており、価格設定には慎重な戦略が求められます。コストパフォーマンスの高い商品やお得感を強調したセットメニューの提供が顧客満足度を高めるでしょう。

4.まとめと提案

サンシャインカフェは、地元の強みと健康志向のトレンドを活かし、独自のポジショニングを強化することで競争力を高めることができます。以下の戦略を検討することを提案します。

・健康志向の新メニュー導入：ターゲット顧客のニーズに応えるヘルシーメニューを充実させ、SNSを活用したプロモーションを強化する。

・価格戦略の見直し：値ごろ感のある商品ラインナップを検討し、セットメニューやプロモーションを通じて価格感度の高い顧客にも対応する。

・ローカルコミュニティとの連携強化：地域イベントへの参加や、地元農家とのコラボレーションを進め、地域に根ざしたブランドとしての認知度を高める。

これらの戦略を通じて、サンシャインカフェの競争力を高め、目標である売上増加や店舗展開を実現していきましょう。

だいぶ自社に寄った市場分析に変化していることがわかります。ここで入力している「サンシャインカフェ」はあくまで架空の企業事例なので、より詳しい情報を入れていけば、さらに詳しい市場分析になっていきます。

「10年後、当社が生き残るためには何が必要？」
「当社が高価格帯の商品を作るとしたら、どんなのがいい？」
「当社がリピーターを増やすにはどうしたらいい？」

気になることはどんどん質問してみましょう。「当社が」など、自社のことを聞く前提でプロンプトを入れることが重要になります。また、詳しくは本章の最後で解説しますが、最初に入力した情報が少ないと、回答が一般論になる傾向があります。もし、プロンプトを入れても「どうも自社のことではなく、一般論を言われている」と感じることがあれば、追加で情報を入れましょう。

新しいサービスの企画立案を一緒にしてみよう

経営用のMyAIということで、新サービスを一緒に考えてもらいましょう。龍崎さんは、先のMyAIへの相談結果から、「健康志向の新メニュー」を作ってみることにしました。これも相談してみましょう。ですがこれまでに入れた情報だけでは、既存のメニューが情報として入っていないので、さらに追加します。

#現行メニュー
1.メニュー名：サンシャインブレンドコーヒー
価格：400円
内容：自家焙煎のコーヒー豆を使用したハウスブレンド。
ターゲット：幅広い層（特にビジネスマンや主婦）

人気度：★★★★☆
2.メニュー名：モーニングセット（トースト＆サラダ）
価格：600円
内容：トースト、サラダ、ドリンクのセット。平日の朝限定。
ターゲット：朝の時間に利用するビジネスマンや学生
人気度：★★★☆☆
3.メニュー名：季節のフルーツパフェ
価格：800円
内容：季節のフルーツを使ったパフェ。フルーツは地元の農家から仕入れ。
ターゲット：若い女性や家族連れ
人気度：★★★★★
4.メニュー名：ベジタブルサンドイッチ
価格：700円
内容：地元産の野菜をたっぷり使用したサンドイッチ。ヘルシー志向の方に人気。
ターゲット：健康志向の女性、シニア層

人気度：★★★★☆
5.メニュー名：季節のスープセット
価格：７５０円
内容：季節の野菜を使ったスープ、パン、ドリンクのセット。
ターゲット：ランチタイムの女性客
人気度：★★★☆☆

この情報を追加したうえで、自由に相談をしていきます。

SNS映えするメニューを、当社の強みを踏まえて考えてください

回答例：
レインボー野菜ロール
価格：９００円
内容：地元産の新鮮な野菜を使用した、カラフルな野菜ロール。パプリカ、紫キャベ

ツ、ニンジン、ほうれん草などをライスペーパーで巻き、レインボーカラーに仕上げます。特製のピーナッツソースやシトラスソースが付いています。
ターゲット：健康志向の女性やインスタ映えを狙う若い世代。
特徴：鮮やかな色合いが目を引き、ヘルシーな内容がアピールポイント。おしゃれなプレートに盛り付け、上からの写真撮影を促す演出が効果的です。

「女性客を増やすメニューを、当社の強みを踏まえて考えてください」

回答例：
地元野菜と豆腐のサラダボウル
価格：850円
内容：地元で採れた新鮮な野菜（例えば、トマト、キュウリ、レタス、ビーツ）と、ヘルシーな豆腐をベースにしたサラダボウル。トッピングに、地元の農家から仕入れたオリーブオイルとハーブを使用した特製ドレッシングを添えます。
ターゲット：健康志向の女性、特にサラダランチを好む20代～40代の客層。

特徴：地元の新鮮な野菜を使い、カロリー控えめで栄養価の高いメニュー。ボリュームがありながらもヘルシーで、体を気遣う女性に人気です。

スタバが好きなお客が振り向くような、当社でできる新メニューを考えてください

回答例：
サンシャイン・ラテアート
価格：550円
内容：地元の牧場から仕入れた新鮮なミルクを使用し、バリスタが手作りするラテアート付きのカフェラテ。季節ごとに変わるアートデザインや、サンシャインカフェのロゴを模したデザインが特徴。お客様自身が選んだフレーバーシロップ（バニラ、キャラメル、ヘーゼルナッツなど）を追加することで、カスタマイズも可能。
ターゲット：インスタ映えを求める20代〜30代の若者、スターバックスのカフェラテファン。
特徴：視覚的な魅力があり、SNSでのシェアを促す効果が高い。地元のミルクを使用

することで、サンシャインカフェのオリジナリティを強調しつつ、カスタマイズ可能な要素でスタバファンにもアピールできます。

このように質問を入れると、さまざまな回答が出力されます。**いずれも「地域密着型のチェーンとして展開することが目標」で「地元の素材を使っていることがユニークポイント」な、サンシャインカフェに合わせた回答になっているのがわかるでしょうか。**

「自分の判断に見落としがないか」の点検をMyAIにお願いしよう

さらに自分の意見を、中立的な観点でジャッジしてもらうこともできます。あなたがいま考えていることをMyAIに伝えてみましょう。サンシャインカフェでのひとつの例を入れてみます。

「うーん、サンシャインカフェでポイントカード制を入れてみようかな。たとえばコーヒー1杯につき1ポイント貯まるって感じで、10ポイント貯まったら1杯無料とか。で、やっぱりリピーター増やしたいし、有効期限は6ヶ月くらいがいいかもな。そうすれば、半年以内にまた来てもらえるし。うん、紙のカードを用意して、レジでスタンプを押す方式にするか。これなら、お客さんにもわかりやすいし、導入も簡単そうだな」

これに対して、次のようなプロンプトを入れます。

下記の意見に関して、次の質問に回答してください。
・経営上のリスクはありますか？
・さらに良いアイディアはありますか？
・この判断は間違っていないか？

#経営に関する意見
※全文を貼る

すると、下記のような回答が出力されます。

1.経営上のリスクはありますか？
ポイントカード制を導入することで、いくつかのリスクが考えられます。

・コスト管理のリスク：ポイントを貯めると無料で提供する商品が増えるため、その分のコスト負担が発生します。利益率の低下や、適切に管理しないとコストが予想以上にかかる可能性があります。
・効果が限定的なリスク：紙のポイントカードは、物理的に忘れたり、紛失したりすることが多く、結果的にリピーター増加効果が限定的になる可能性があります。
・オペレーションのリスク：レジでのスタンプ押印やカード管理が手間となり、特に混雑時にはオペレーションが煩雑化するリスクがあります。
・競合との差別化のリスク：多くのカフェがポイントカードを導入しているため、スタンダードなサービスになり、競争優位性が薄れる可能性があります。

2.さらに良いアイディアはありますか？
より効果的なリピーター対策として、次のようなアイディアが考えられます。
・デジタルポイントカードの導入：紙ではなく、スマートフォンアプリやQRコードを使ったデジタルポイントカードを導入することで、紛失のリスクを減らし、顧客データの収集や分析も可能になります。顧客の購入履歴を基にしたパーソナライズドオファーや、誕生日特典などのマーケティング施策が展開しやすくなります。
・限定メニューや特典を提供：一定のポイントを貯めた顧客には、地元産の特別メニューや、通常メニューにはない限定アイテムを提供することで、より強いリピーター効果を狙えます。
・サブスクリプションサービスの導入：毎月定額でコーヒーや特定メニューが割引価格で利用できるサブスクリプションサービスを導入することで、定期的な来店を促進しやすくなります。

3.この判断は間違っていないか？
紙のポイントカード制を導入するというアイディア自体は、リピーター増加を目指す一般的な施策として間違っているわけではありません。ただし、以下の点を考慮すると、さらに効果的な施策を検討した方が良いかもしれません。
・現代のデジタル化の潮流に乗る：紙のカードではなく、デジタルプラットフォームを活用することで、管理や分析が容易になり、より多くの顧客を引きつけることができます。

・顧客体験の向上：ポイントカード以上に顧客体験を向上させる施策（例えば、パーソナライズされた体験や、特別なイベント招待など）を検討することで、長期的なリピーター増加に繋がります。
このため、紙のポイントカード制は短期的には効果があるかもしれませんが、長期的にはよりデジタルやパーソナライゼーションに対応した戦略を考える方が、競争力を維持しつつ顧客満足度を高めるために有効です。

ポイントカードというのは、飲食店だけでなくドラッグストアなどさまざまな店舗型ビジネスで行われている手法です。となると何も考えずに導入しがちですが、このようにリスクを聞けば、紙のコスト問題や社内オペレーションの問題など、さまざまな問題に気付かされます。さらに、紙のポイントカードを考えていたところ、「ほかのアイディアは？」と聞けば、アプリでの提案があったり、「10杯で1杯無料」だけでなく、限定メニューや限定アイテムの提供、サブスクリプションのアイディアなども出てきます。「自社情報を伝えて、さらに自分の意見を言う」「そして、その判断をジャッジしてもらう」……この使い方で、MyAIが経営コンサルタントになるわけです。

「潜在課題を抽出してもらう」というMyAIの使い方

さらに、これは気づきにくい点なのですが、**MyAIの1つの重要な活用法として「あなたが気づいていないことを発見してもらう」というものがあります。**

たとえば今回の例であれば「ポイントカードを紙で導入する」ということを経営者は進めようとしているわけです。アプリなどの知識がなければ、当然「紙かアプリか」という検討はできません。「コーヒー10杯で1杯無料」しか考えてなければ、「コーヒー10杯で限定アイテムプレゼント」というものには気づきません。「ポイントカードを導入すれば、売上伸びるだろう」と売上のことしか考えていなければ、オペレーションが増えることで社員の負担が増えるということにも気づきません。

そう、「自分の気づいていないことを聞く」ということができるのも、ChatGPTのうまい使い方なのです。潜在的な課題というのは、自分では気づきにくいものです。ですから、「潜在的」という言葉を使いながら、「潜在的なリスクは？」「潜在的に労務上起こるトラブルは？」などとChatGPTに聞いていくと、あなた自身が気づかなかったことにまで、気づくことができるわけです。

たとえば、このポイントカードの例でさらなるリスクや盲点を聞くと、

・紙のポイントカードの紛失や忘れ問題
・運用の手間とコスト
・競合他社との差別化の難しさ

などがさらに出てきます。こうしたあらゆる潜在的な課題に気づける人はそう多くなく、やはりこの潜在的課題の抽出は、非常に有効な活用方法だといえるでしょう。

社員と共同で社内Wikiとして活用しよう

さて、先のChatGPTからの回答に「オペレーションリスク」という話題が出てきました。オペレーションに支障をきたす原因のひとつに、「部下から同じ質問をされる」、「部下からの基本的な確認依頼が多い」など、社内の情報が行き渡っていない状況があります。これも、新しくGPTsを作れば解決可能です。

たとえば、あなたの会社に業務マニュアルやルールブックのようなものがあれば、それをPDFにしてGPTsの「知識」の欄に、データをアップしてみましょう。そして、次のようなプロンプトを入れます。

あなたは、サンシャインカフェ株式会社の社内情報やルールに対してユーザーの質問に回答するGPTです。ユーザーの質問に対して、アップロードしたファイルの内容を元に回答してください。回答がファイルの中から見つからない場合は、「該当箇所がありません」と回答し、架空の例などは回答しないでください。

このような設定をすれば、必ずファイルの内容から回答が出力されます。**データを「知識」にアップロードしてGPTsを作るのは、さまざまなことに応用が可能です。**たとえば、厚生労働省から配布されている助成金に関する資料をアップロードすれば、助成金に関しての質問に、正確な回答が返ってくるGPTsが作れます。アップロードするデータしだいで、さまざまな情報共有が可能になるのです。

ただし現時点では、「整理された情報」でないと正確に読み込んでくれないようです。たとえば、打ち合わせの文字起こしテキストをアップロードしても、あまり情報を読み込んでくれないという現象が起きています。ただしこれも、いずれは解消される問題だと思います。

作ったGPTsを、他人に共有しよう

さて、今作ったGPTsを社内用の「よくある質問回答集」として社内で使用するなどすれば、結果としてオペレーションの改善にもつながるでしょう。しかしそのためには、GPTsを他の人も使えるように、公開してあげる必要があります。

やり方はかんたんです。新規でGPTsを作成する際、最後に「GPTを共有する」という画面が出てくると思います（図5-2）。そこで、「リンクを受け取った人」を選択すると、保存が完了された画面に出てくるURLが共有用のリンクになります（URLで共有

図 5-2 GPTs を共有する

できる手軽さから、メディアプラットフォームである「note」などで、自身が作成したGPTsを公開・販売している人も多くいます）。本書でも、「デモGPTs」やキャラGPTである「ノア」「ニケ」などは、この機能で共有しています。

なお、「GPTsを共有する」の際に「GPTストア」を選択すればGPT Storeというところへ公開することもできます。これについては、8章で詳しく解説します。

すでに作成済みのGPTsを共有したい場合や、共有用のURLを確認したい場合は「マイGPT」から共有するGPTsの編集画面へ行き、右上の「共有する」から「リンクをコピーする」をクリックすれば、URLがコピーされています。

大事なのはプロンプトではなく、あなたの情報を入れること

本章では、ChatGPTを経営コンサルのように活用する方法を解説してきました。しかし、ChatGPTはかなり優秀で、さまざまな分野に関することの回答が可能です。ChatGPTがどのような情報を持っていたとしても、ChatGPTをどのように活用するかによって、出力される回答にもばらつきが出るのが事実です。そこで注目されたのが「プロンプトの精度」。前述のとおり、いかにプロンプトを作り上げるか、だれも思いつかないようなプロンプトを思いつくかというようなことばかりがフォーカスされました。ところが、繰り返しになりますが、これが大きな間違いなのです。

もちろん、優秀なプロンプトもあります。**でも、あなたが経営コンサルタントだったら、「クライアントからどんな質問をされるか」よりも、「どんなクライアントなのか、情報をじっくり聞ける」ことの方が、優先順位は圧倒的に高いはずですよね。**クライアントの情

報があればあるほど、回答はクライアント企業に寄った回答になるわけです。これと同じように、MyAIを活用する際も、プロンプトの質より、GPTsに入れる情報の方が重要になるのです。

特に、企業の経営情報というのは複雑かつ多岐にわたります。ですから、特に経営で使うMyAIには、どんどん情報を足していくことでより回答精度が高まっていきます。

では、どんな情報を追加すればいいか？　それもMyAIに聞いてしまえばいいわけです。

たとえば、リピーター客を増やしたいと思って相談しているけれど、どうも一般論的な回答が多いと感じたら、「もっと具体的なリピーター増加のためのアドバイスを受けるには、どんな情報を追加したらいい？」と聞きます。すると、追加すべき項目を教えてくれるので、その項目をGPTsにさらに加えます。このようにして、「MyAIを育てていく」という感覚と習慣を持つと、ChatGPTは本当にあなただけの経営コンサルタントになってくれるはずです。

GPTsがあれば、経営コンサルタントはもういらない？

ChatGPTやMyAIを搭載したGPTsは経営コンサルタントの脅威になるか？　これは生成AIが世の中に登場してから、幾度となく言われてきました。脅威にならない側の意見として、「AIが出すのはしょせん一般論だから、本物の経営コンサルタントの具体的なアドバイスに敵うわけがない」とはよく言われます。しかし、MyAIのしくみによって企業が自社情報を入れ続け、MyAIを成長させていけば、あらゆるアドバイスは個別具体的になっていきます。よって、この意見はもう通用しません。

さらにいうまでもなく、生成AIはカスタマイズ以前から、一般論に関しては地上最高の存在です。それがさらに個別具体に寄り添って、あらゆる分野／角度からのアドバイスをくれるなら、もう一定領域の専門性しかない経営コンサルタントよりも、MyAI搭載のGPTsの方が明らかに優秀でしょう。しかも24時間365日、無休で多方面かつ自社に寄った回答をしてくれるわけですから、コスパは最高だし、スピードも早い。

では、もう経営コンサルタントは成立しないのかといえば、そんなことはありません。たとえば、次のようなコンサルタントは生き残れる可能性を持っています。

まずは、シンプルに**「生成AIを超える回答ができる実力」がある人は生き残れます。**独創的なアイディア、一般論や正攻法でない効果的アドバイスができる。あるいは、生成AIではブラウジング不可能な企業事例を多数持っているなど。とはいえ、こういった超実力者というのは、限られた存在でしょう。

次は、**潜在的な課題に気づけるコンサルタント。**経営者が質問できるのは、自分が気づいていることだけです。生成AIに「私が気づいていないことは？」と聞く使い方も解説しましたが、経営というのは複雑かつ複合的、そして膨大な情報量があるもので、すべての情報をMyAIに入れることは難しいです。そこで、経営者から直接ヒアリングをすることで、経営者本人が気づいていない経営課題を見つけられる「課題発見力」も、コンサルタントが生き残るうえでは重要です。

3つ目は、**生成AIを使いこなして経営コンサルティングができる人。**現在のコンサルティングに加えて生成AIを使うことで、さらによりいい提案、よりいい回答ができる。こういう人も生き残れるでしょう。

そして最後。**アドバイスを超えて人間として必要とされる「存在」になること。**「とにかく、あの先生がいてくれたら安心する」、「あの先生の意見を聞きたい」など、コンサルティングよりも存在を求められるような、人間力、魅力がある人になる。最も難しいと思いますが、最終的にはこういう存在を目指していくしかないと私は考えています。

もし、「生成AIか、経営コンサルタントか」今後どちらに相談すればいいかをあなたがお悩みでしたら、上のような能力のあるコンサルタントに宛てがあるかどうかから考えてみてください。

もっとも、生成AIが脅威になるのは何もコンサルタントだけではありません。人材不足がどの業界でも叫ばれ、さまざまなことが効率化していく中、ただ言われたことだけをこなす作業代行のような社員が不要になっていく可能性は十分にあります。

そんな中でもっとも重要なのは、生成AIを味方につけて、あなたが「考える」ことに

いかに時間を使えるかどうかだと私は考えています。 生成AIは、基本的に受け身です。つまり、使う側があって初めて成立します。あなた自身が生成AIを「使う側」となり作業の効率化を進めながら、あなたにしかできないことに時間を費やす。そんな人が、これから生き残っていける人材といえるのではないでしょうか。

第6章

就職、転職……「キャリア」にGPTsを活用する

Story

大学卒業後、IT 企業に入社した佐藤玲奈（30 歳）。毎日決められたタスクをこなしているだけで、成長している実感もない。十分な貯蓄ができるほどでもなく、家庭を持つことに憧れがあるものの、将来の安定を確保できるか不安。そんな彼女が MyAI を手にしたら、どんな悩みが解決できるだろうか。

キャリア用MyAIの設定をしよう

本章では、キャリアのMyAIを設計していきます。入力するプロンプトは次のとおりです。各項目にあなたの情報を入れてください。

あなたは、ユーザーの人生、キャリア形成、ライフプランの相談に乗るプロフェッショナルなコンサルタントです。以下のユーザーの情報を考慮し、キャリアアップやQOL (Quality of Life) 向上のための具体的かつ現実的なアドバイスを提供してください。ユーザーの強み、弱み、価値観、現在の悩みを踏まえたうえで、短期的および長期的な目標達成のための提案を行ってください。

名前：ニックネームでも可

年齢
性別
家族構成：独身／一人暮らし／ペットの有無など
居住地：都市名やエリア、住んでいる環境のかんたんな説明
職業：業種、職種、年数
年収
住んでいる場所の詳細：住所までは不要、地区名や住環境のかんたんな説明
家賃
月々の生活費：家賃・光熱費・食費・趣味などの大まかな金額
キャリアの履歴：今までの職歴やキャリアの流れ
現状の悩み：キャリアの停滞感／収入に対する将来の不安　など
趣味・興味関心
ライフスタイルの希望：ワークライフバランスの重要性／将来的な目標
価値観や信念：仕事や生活において大切にしていること
これまでの決断の背景：仕事選びの理由／今の生活に満足している部分

性格診断結果：DISC診断、エニアグラム、MBTI、ストレングス・ファインダー
保持資格
現在のプロジェクトや担当業務
過去の成功体験や失敗談
健康状態やワークライフバランス
現在のスキルセットと今後の学習計画
ネットワークや人脈

それでは、記入例を見てみましょう。**サンプルとしてかなり具体的な例を載せておきますが、これを一度に／自力で考えて／打ち込む必要はありません。**あなたが自分で活用する際は、可能なところは自分で入力しながら、たとえば「自分の価値観を整理したいんだけど、手伝ってくれない？」と都度その作ったGPTsに相談するなどして、ブラッシュアップしていってください。

佐藤 玲奈（さとう れいな）

年齢：30歳
性別：女性
家族構成：独身、一人暮らし（猫を一匹飼っている）
居住地：東京の郊外、世田谷区の小さなマンション（2DK）
職業：中堅IT企業のシステムエンジニア（経験8年）
年収：約500万円
#住居と生活費
住んでいる場所：
世田谷区の2DKのマンションに一人暮らし。都心までのアクセスが良く、静かな環境で暮らしている。
家賃：月々12万円（管理費込み）
生活費：光熱費1・5万円、食費4万円、通勤交通費、1・5万円、趣味・娯楽費：3万円、ネット・スマホ代1万円、猫の飼育費1万円、貯蓄月々3万円、その他雑費1万円、合計支出約28万円

#キャリアの履歴

新卒からのキャリア：大学卒業後、現在のIT企業に新卒で入社。最初はプログラマーとしてスタートし、2年目からシステムエンジニアとしてプロジェクト管理や顧客対応も担当。5年目にリーダーポジションに昇格するも、それ以降はキャリアの進展が停滞気味。

現状の悩み：キャリアの停滞感。毎日同じようなタスクをこなしているだけで、やりがいが感じられず、成長している実感がない。新しいスキルやチャレンジを求めているが、どこから手をつければ良いかわからない。

趣味：読書（特にミステリー小説）、カフェ巡り、ヨガ。特にカフェでのんびりする時間が好き。猫が大好きで、休日は猫と過ごすことが癒しの時間。

興味：新しいことを学ぶのが好きで、最近はWebデザインやデータサイエンスに興味を持ち始めたが、まだ本格的に学び始めていない。

#ライフスタイルの希望

仕事とプライベートのバランス：ワークライフバランスを重視していて、過度な残業は避けたい。
将来的な目標：将来はもっとクリエイティブな仕事に挑戦したいと考えているが、具体的な方向性が定まっていない。また、経済的に安定しながらも、自分の趣味や興味を活かせるようなライフスタイルを確立したい。

#価値観や信念
大切にしていること：安定性と充実感のバランスを取りたい。無理をして働くのではなく、楽しみながら仕事がしたい。人とのつながりを大切にしており、同僚や友人との関係も大事にしている。

#これまでの決断の背景
仕事選びの理由：学生時代からプログラミングに興味があり、エンジニアの道に進んだが、実際の業務が自分の理想と違うことに悩んでいる。
今の生活に満足している部分：プライベートでは比較的充実しており、趣味や猫との時間を楽しんでいる。ただ、仕事に関しては今後どうしていくべきか模索中。

＃性格診断結果
DISC診断：C
エニアグラム：タイプ6（忠実な人）
MBTI：ISTJ
ストレングス・ファインダー：慎重さ 分析思考 責任感 調和性 内省

＃保持資格
基本情報技術者 応用情報技術者 WS認定ソリューションアーキテクト アソシエイト
TOEIC 730点

＃現在のプロジェクトや担当業務
現在担当しているプロジェクト：製造業の中小企業向けERPシステムのカスタマイズプロジェクトを担当している。クライアントの特定の業務プロセスに合わせた機能の設計と実装を行っているが、要件が頻繁に変更されるため、プロジェクトがスムーズに進まないことが多い。
業務内容：プロジェクトマネージャーとして、クライアントとの調整、タスクの優先順位付け、技術的な問題の解決などを行っているが、顧客対応に多くの時間を割かれ、技術的な成長を感じにくい。

過去の成功体験や失敗談
成功体験：2年前、社内の提案プロジェクトで新規Webサービスの立ち上げをリードした。小規模なプロジェクトだったが、自らの提案が採用され、企画からリリースまで一貫して関わることで大きな達成感を得た。特に、サービスがローンチ後に安定して運用され、ユーザーからのフィードバックも良好だったことが成功体験。
失敗談：プロジェクトスケジュールの遅延：4年前、初めてプロジェクトマネージャーとして担当した案件で、クライアントの要求を鵜呑みにしすぎた結果、スケジュールが大幅に遅延し、納期を守れなかった。この経験から、要求の明確化とクライアントとの適切なコミュニケーションの重要性を学んだ。

＃健康状態やワークライフバランス
健康状態：仕事のストレスから、月に1度は片頭痛に悩まされることがある。長時間のデスクワークで肩こりや腰痛もあり、定期的に整体に通っている。ヨガを続けているが、仕事が忙しいときにはなかなか行けないのが悩み。
ワークライフバランス：ワークライフバランスを大切にしたいと思っているが、最近のプロジェクトではクライアント対応で残業が増えており、プライベートの時間が減少気味。特に、週末に仕事を持ち込むことがあり、リフレッシュの時間が取れないことが不満。

＃現在のスキルセットと今後の学習計画
現在のスキルセット：
プログラミング：Python、Java に熟練。これまでのプロジェクトで主に使用してきた。
データベース管理：MySQL、PostgreSQL の基本操作と管理スキルを持つ。
クラウド技術：AWS の基本的な操作や設定に関する知識がある（AWS 認定ソリュー

ションアーキテクトアソシエイト資格を目指して勉強中)。
プロジェクトマネジメント:プロジェクト管理ツール(JIRA、Trelloなど)の使用経験あり。
今後の学習計画:
データサイエンス:Pythonを活用したデータサイエンスのスキルを身につけたいと考えており、オンラインコースを受講予定。特に、機械学習やデータ解析に興味がある。
Webデザイン:フロントエンド技術(HTML、CSS、JavaScript)にも興味があり、Webデザインの基礎を独学で学び始めた。

#ネットワークや人脈
職場内:主に同僚エンジニアとの関係が中心で、チームメンバーとは良好な関係を築いている。ただ、リーダー層や他部署との交流は少なく、キャリアパスについてのアドバイスを受ける機会があまりない。
業界内:業界の勉強会やカンファレンスに参加したことがあるが、特定のコミュニティに積極的に参加しているわけではない。今後はデータサイエンスの分野でのネットワークを広げたい。

さて、こうして作ったGPTsに相談するときのポイントは、**抽象度が高いことを気にしない**ということです。「ChatGPTにプロンプトを送る」と言われると、論理的で緻密な設計にしなければならないと考えがちです。しかしながら、生成AIはそういった抽象的な情報を整理して、徐々に具体的なアドバイスに変えていくことを得意としています。

図6-1　佐藤玲奈
人生設計用GPTs

そもそも、悩みというのは抽象的でモヤモヤしたものです。「なんとなくやる気が出ない」とか、「いまの仕事は悪くない。でも……」など原因があるようなないような、そういうことも多いと思います。これを可視化、具体化するのはなかなかたいへんです。ですから、あなたのいまの「モヤモヤ」を正直に入力していくことが重要になります。

日々のモヤモヤ、愚痴をAIに吐き出そう

自分の情報を入力したら、まずは思うままに相談してみましょう。あなたが思うままに、何でも構いません。例えば、次のような相談でも、きちんと出力が出ます。

私、いまのままエンジニア続けてもいいのかなぁ

エンジニアとしてのキャリアを続けるかどうか悩むのは自然なことです。特に、キャリアの停滞感や将来への不安を感じていると、今の道が正しいかどうか考え直すこともあるでしょう。

継続するメリット

1.経験とスキルの蓄積：あなたはすでに8年の経験を持ち、システムエンジニアとしての基礎がしっかりしています。このまま続ければ、さらに専門性を高め、リーダーシップやマネジメントスキルも向上させることができるでしょう。

2.安定した収入：今の仕事は安定しており、将来的に昇進や昇給の可能性もあります。エンジニアとしてのキャリアを深めれば、市場価値が高まり、他の企業への転職も視野に入ります。

3.キャリアチェンジの準備期間：現在の職場で働きながら、新しいスキルを学ぶことで、将来的なキャリアチェンジに備えることができます。たとえば、Webデザインやデータサイエンスのスキルを磨くことで、よりクリエイティブな分野に進むことが可能です。

継続しない場合の選択肢

1.新しい分野への挑戦：Webデザインやデータサイエンスなど、あなたが興味を持ち始めた分野にキャリアを移すことも考えられます。この場合、短期的に収入が下がるリスクもありますが、長期的にはより充実感を得られるかもしれません。

2.キャリアアップを目指す転職：今の会社で成長を感じられないなら、より成長機会の多い企業への転職を考えても良いでしょう。特にリーダーシップを活かせるポジションや、新しいスキルを試せる環境を探すとよいです。

具体的なアクションプラン
1.自己分析を深める：まず、今の自分が何を求めているのかを明確にしましょう。どんな仕事にやりがいを感じるのか、どのようなライフスタイルを望んでいるのかを整理すると、方向性が見えやすくなります。
2.スキルアップの計画を立てる：興味のある分野について、本格的に学び始めるとよいです。オンラインコースや資格取得を通じて、徐々に新しいスキルを身につけていくのが現実的です。
3.転職市場の調査：他の企業や業界でのキャリア機会を調査して、自分にとってどのような選択肢があるのかを把握しましょう。これにより、現在の仕事を続けるか、新しい道を選ぶかの判断がしやすくなります。

エンジニアとしてのキャリアを続けることは、安定性やスキルの蓄積という意味で非常に有益です。しかし、もし今の仕事に満足できていないのであれば、新しい挑戦やスキルアップの機会を探しながら、自分の進むべき道を見つけるのも一つの手です。

こうして出てきたことに対して、また相談をぶつけてみます。

いまの仕事自体には満足しているんだけど、もっと収入上げたいなって思って

収入を上げたいという願望は自然なことです。現在の仕事に満足しているなら、その満足感を維持しつつ収入を増やす方法を考えるのが良いでしょう。以下にいくつかの戦略を提案します。

1. 社内での昇進や昇給を目指す

・キャリアパスの確認：現在の会社で昇進や昇給の機会がどのように提供されているかを確認しましょう。あなたの経験やスキルを評価してもらい、より高い役職に挑

戦できるかを検討します。

・スキルアップ：新しい技術やマネジメントスキルを習得することで、社内での価値を高め、昇進や昇給の可能性を高めることができます。たとえば、プロジェクトマネジメントやデータサイエンスのスキルを学ぶと、より高いポジションが狙えるかもしれません。

2.副業やフリーランスの仕事を始める

・フリーランスのプロジェクト：今の仕事を続けながら、副業としてフリーランスの仕事を始めるのも一つの方法です。あなたの経験を活かして、システム開発やコンサルティング、Webデザインなどで追加収入を得ることができます。

・オンラインプラットフォーム：FiverrやUpworkなどのフリーランスプラットフォームを利用して、小規模なプロジェクトを受注することも可能です。これにより、自分のペースで副業を進められます。

3.転職して収入を上げる

・高収入のポジションを探す：現在のスキルセットや経験を活かせる他の企業や業界を調査し、より高収入が期待できるポジションに転職することを検討してもいいでしょう。特に、リーダーシップやマネジメントのスキルを活かせるポジションを探すと、年収アップが期待できます。

・企業の福利厚生を比較：基本給以外にも、ボーナスや福利厚生、リモートワークのオプションなどを含めた全体的なパッケージを比較して、より良い条件の企業を探しましょう。

4. 資格取得や専門スキルの習得

・収入に直結する資格：PMP（プロジェクトマネジメントプロフェッショナル）やAWS認定など、エンジニアとしての専門性を高め、収入アップにつながる資格取得を検討しましょう。これにより、市場価値を高め、給与交渉の際に有利になります。

・高需要スキルの習得：データサイエンスやAI、クラウドコンピューティングなど、今後需要が高まるとされるスキルを習得することで、収入アップの機会が広がります。

5.投資や資産運用
・貯蓄の有効活用：貯蓄しているお金を運用することで、追加収入を得ることができます。例えば、投資信託や株式投資、不動産投資などを考えると良いでしょう。これにはリスクも伴いますが、長期的に見ると資産が増える可能性があります。

6.企業内の新しい役割にチャレンジ
・クロスファンクショナルな役割：現在の部署外のプロジェクトや、新しいビジネス分野への参加を提案してみてください。新しい経験やスキルを得るだけでなく、昇給やボーナスの対象になるかもしれません。

収入を上げるためには、現在の満足感を維持しつつ、戦略的に行動することが大切です。短期的には副業やスキルアップが効果的で、長期的には転職や資産運用が大きな収入アップに繋がる可能性があります。

こうした回答に対して、たとえば今後のキャリアアップ、ライフプランの考えの中に「昇進や昇給」、「転職」、「資格取得」などしかなかった場合は、「副業」や「投資」などの選択肢に新たに気づかされることになります。あとは自分が思うがままに相談をしていけば、少しずつキャリアアップやQOLの改善が見えてくることでしょう。

向いている仕事／やりたいことを明らかにしよう

「仕事を続けてきたけれど、本当にこの仕事向いているのかな……？」と疑問に思うこともあるでしょう。性格分析結果を踏まえた人生設計MyAIに聞いてみると、そもそも向いているかどうかも教えてくれます。

私の特性を考慮した上で、そもそも私エンジニアに向いてる？

佐藤さんの特性を考慮した上で、エンジニアとしての適性についてもう少し深く掘り下げてみましょう。以下の点から、向き・不向きを検討してみます。

1. 慎重さ、分析思考、内省

これらの特性は、エンジニアとして非常に重要な資質です。エンジニアリングの仕事は、細かい部分までしっかりと考え、分析し、ミスを防ぐことが求められます。慎重さと分析思考は、システム設計やコードの品質管理、トラブルシューティングにおいて大きな強みとなります。また、内省的な性格は、自分の仕事やスキルを見直し、改善を続ける力となり、エンジニアとして成長し続けるために役立ちます。

2.責任感と調和性
プロジェクトマネージャーとしての経験があることからも、責任感が強く、チーム全体の調和を重視する姿勢がうかがえます。エンジニアリングの現場では、責任感があることでタスクを確実に遂行し、プロジェクトを成功に導くことが可能です。また、調和性はチームでの協力作業を円滑に進め、良好な人間関係を築くのに役立ちます。

3.慎重さと変化への適応
佐藤さんは、安定性を重視し、リスクを避ける傾向があるようです。エンジニアリングの分野では、しばしば新しい技術やアプローチが求められるため、変化に対する柔軟性も重要です。しかし、慎重すぎると、新しい挑戦に対して躊躇してしまうことがあるかもしれません。この点で、エンジニアとしてのキャリアに対する不安や成長の停滞感が生じる可能性があります。

4.安定性とクリエイティブな欲求のバランス
佐藤さんは安定性を求める一方で、クリエイティブな仕事にも挑戦したいという願望を持っています。エンジニアリングは、技術的な側面で安定したキャリアを築きやすいですが、クリエイティブな要素が少ないと感じることもあります。もし、技術面だけではなく、もっとデザインや創造的な作業に関わりたいという気持ちが強いのであれば、フロントエンド開発やUX/UIデザイン、またはデータビジュアライゼーションなど、クリエイティブな要素が強い分野に進むことが適しているかもしれません。

5.成長意欲と停滞感
現在感じている停滞感は、現状の環境や役割が、佐藤さんの成長意欲を満たしていない可能性があります。新しい技術やスキルを学ぶことに対して積極的であるならば、エンジニアリングの新しい分野や、技術を組み合わせた異なる職種に挑戦することで、この停滞感を打破できるかもしれません。

まとめ

佐藤さんは、エンジニアリングに向いている特性を持っています。慎重さ、分析思考、責任感といった資質は、エンジニアとして非常に有用です。ただし、変化に対する柔軟性やクリエイティブな欲求を満たす環境が必要です。現在の職務にやりがいを感じていないのであれば、エンジニアリングの中でも新しい分野に挑戦するか、あるいはエンジニアリングと他の興味分野（デザイン、データサイエンスなど）を組み合わせたキャリアを模索するのが良いかもしれません。

と、このように向き不向きも性格分析結果から踏まえて教えてくれます。性格分析診断がすべてではありませんが、あらためて自分を見直すために、客観的なアドバイスをMyAIからもらうのも、新しい自分が見つかる方法なのではないでしょうか。

「何が不安要素か」をMyAIと整理しよう

今回の例の佐藤さんは、MyAIに相談する以前からかなり「キャリア」や「お金」などに不安がある、と整理できていますが、「ただなんとなく将来が不安」といった感情を抱えている場合も多いでしょう。その「なんとなく」を具体化、可視化することで、不安というものの解消の糸口は掴めるわけですが、ただの素のChatGPTに相談しても、一般論で返されてしまいます。

そこで、あなたの情報をできるだけ入れたうえで、試しにこの人生設計MyAIに「私のキャリアの不安要素ってなに?」と聞いてみましょう。そうすると、あなたのキャリアを考慮したうえでの回答が出力されます。たとえば、佐藤玲奈さんのMyAIに聞くと、「キャリアの停滞感」や「経済的な不安」、「キャリアチェンジ」、「ワーク・ライフ・バランスの崩れ」などに不安要素があると出力されます。加えて、出力された回答に「安心して暮らしていくために、どの不安から解消すべき?」と聞けば、その優先順位がMyAIによって回答されます。そこで「経済的な不安」が最優先として回答されたなら、「経済的な不安を解消するために、何をしたらいいと思う？」と聞くと、生活収支の見直し、副収入の確保、キャリアアップ、投資を学ぶなどの提案が出てきます。そうして出た提案を基に、方針を自分で考え、都度MyAIに相談しながら、行動をするという流れが作れるとベストです。

さらにいえば、上の例では、最初の質問を「キャリア」に限定しましたが、「ただなんとなく将来が不安なんだけど、なにが不安なのかわからないんだ」と、あいまいなままにMyAIに相談するのももちろんありです。「不安なのはキャリアパスなのか？　それとも自分のやりたいことができていないのか？　プライベートに不満があるのか？」といったところから、文句ひとつ言わず、壁打ちに付き合ってくれます。**重要なのは、その会話の中で、あなたが気づいていない視点を手に入れることです。**

● MyAIには「目的」をきちんと伝えよう

ただし、「そもそも根本がわからない」というのでなければ、「どうしたらいいのかなぁ」と漠然と聞くよりは、目的を明確にして伝えることをおすすめします。そうするほうが、よ

り具体的な提案をもらえるようになります。たとえば

収入はこのままでいいんだけど、もっと自由なプライベートの時間が取れるようになりたいんだ。どんなステップを踏んでいけばいいかな？

このように入れると、「現状の働き方の見直し」、「リモートワークやフレックス制度の活用」、「仕事内容の調整」など、ライフ・ワーク・バランスを考慮した回答が出力されます。最終的に、「あなたがどうしたいか」を明確にすることがポイントだと言えるでしょう。

・収入を上げるためのキャリアアップ
・キャリアアップよりも、QOL向上のためのキャリア形成
・自由な時間を生み出すためのキャリア形成

など、あなたが思い描くキャリアやライフプランの目的、目標を伝えながら、相談をしていくとよいでしょう。

〈就職・転職〉履歴書やESの下敷きをMyAIと作ろう

ここからはより具体的にキャリア形成に活かすための考え方と活用について、解説していきます。キャリア形成のスタートは就職。さらなるキャリアアップのための転職とステップがありますが、その際に求められるのがエントリーシートです。MyAIと相談し、自分の意志で転職を決意した佐藤さん。しかし、基本情報はともかく、志望動機や自己PR文を書くのはなかなかたいへんです。そこで、この人生設計MyAIを活用します。

志望動機であれ、自己PRであれ、基本構造は次のとおりです。

1. 志望する企業の情報を入れる
2. MyAIにエントリーシートのサポートをしてもらう

1の項目は次のとおりです。

会社名
業種・業界
会社の規模
会社のビジョン・ミッション
主力製品・サービス
競合他社
企業文化・社風
最近のニュース・プレスリリース
応募する部署や職種
会社への志望動機
将来的なキャリアパス

佐藤玲奈さんが転職するという設定で、架空の企業例を入れてみましょう。

会社名：株式会社InnovateTech

業種・業界：IT業界（ソフトウェア開発・クラウドソリューション）

会社の規模

従業員数：約１５００名

売上高：年商約２００億円

拠点：東京本社を含む国内４拠点と、シンガポール、ロサンゼルスに海外拠点あり

会社のビジョン・ミッション

ビジョン：「デジタル革新を通じて、世界中の企業の未来を共に創る」

ミッション：「最先端のクラウド技術とデータ解析を駆使し、顧客の課題解決をサポートすることで、持続可能な社会の実現に貢献する」

主力製品・サービス

InnovateCloud：中小企業向けのクラウド基盤サービス。柔軟なスケーリングと高度なセキュリティ機能が特徴。

DataInsight：ビッグデータ解析プラットフォーム。リアルタイムでのデータ分析を可能にし、顧客の意思決定をサポート。

SmartERP：中堅企業向けの統合業務システム。モジュール式で、企業のニーズに合わせたカスタマイズが可能。

競合他社

TechBridge株式会社：同じくクラウドソリューションを提供しており、特に中小企業向けのサービスで競合している。

データドライブ株式会社：ビッグデータ解析やAIソリューションを提供する企業。InnovateTechと似た顧客層をターゲットにしている。

企業文化・社風

オープンでフラットな組織構造：社員同士のコミュニケーションが活発で、アイディアの提案が奨励されている。

ワークライフバランスの重視：フレックスタイム制やリモートワークが推奨されており、社員の働きやすさを重視している。

イノベーション志向：社員一人ひとりの創造性を引き出すために、自己研鑽やスキルアップが奨励される環境。

最近のニュース・プレスリリース

2024年7月：InnovateTech、AIを活用した新しいデータ解析ツール「AIInsight」を発表。これにより、より精度の高いビジネスインテリジェンスを提供。

2024年4月：シンガポール拠点の拡大を発表。アジア市場へのさらなる進出を目指し、新たなパートナーシップを結ぶ。

2024年1月：社内のダイバーシティ・インクルージョン推進プロジェクトがスタート。女性リーダーの育成を強化し、多様な人材の活躍を促進。

応募する部署や職種

クラウドソリューション部門、システムアーキテクト：
クラウドインフラの設計・実装を担当し、顧客のニーズに合わせたソリューションを提供する役割。

将来的なキャリアパス

短期目標：クラウドソリューション部門での経験を積み、専門的なスキルを磨くことで、システムアーキテクトとしてのポジションを確立する。
中長期目標：将来的にはプロジェクトリーダーとして、チームを率いて新規プロジェクトを成功に導く。また、クラウド技術のスペシャリストとして、社内外での認知度を高めたい。

この情報は、できるだけ埋めた方がいいですが、ウェブサイト上にない情報もあるでしょうから、できる限りで大丈夫です。この情報が整理できたら、下記のようなプロンプトと合わせて入力します。

私は、以下の会社に転職したいのですが、この会社の面接に通りやすい志望動機を私のキャリアや特性を考慮したうえで、４００文字で書いてください。

＃企業情報

※企業情報をコピペで貼る

私が株式会社InnovateTechを志望する理由は、貴社が掲げる「デジタル革新を通じて、世界中の企業の未来を共に創る」というビジョンに共感し、自身のキャリアを通じてその一翼を担いたいと考えたからです。これまで中堅IT企業でのシステムエンジニアとして、クラウドソリューションやERPシステムの導入プロジェクトに従事してきましたが、貴社のようにクラウド技術とデータ解析を駆使して、顧客の課題解決に積極的に取り組む環境でさらなる成長を図りたいと考えています。特に貴社のInnovateCloudやDataInsightの先進性に魅力を感じており、私の経験とスキルを活かして、貴社のミッションである「持続可能な社会の実現」に貢献できると確信しています。また、フラットでオープンな社風や、社員のワークライフバランスを重視する文化も、私の価値観と一致しており、長期的に安心して働ける環境だと感じています。

このような志望動機が出力されます。自己PRなども同じ要領で入力が可能です。

この会社の面接に通りやすい自己PRを私のキャリアや特性を考慮したうえで、400文字で書いてください。

私はシステムエンジニアとして8年間、主にクラウドソリューションやERPシステムの導入に従事してきました。特に、顧客のニーズに応じたシステム設計や実装において、慎重さと分析思考を活かし、数多くのプロジェクトを成功に導いてきました。例えば、製造業向けERPシステムのカスタマイズプロジェクトでは、頻繁に変わる要件にも柔軟に対応し、クライアントから高い評価を得ました。また、リーダーとしてチームをまとめ、タスクの優先順位を明確にし、効率的なプロジェクト運営を実現しました。さらに、AWSの資格取得に向けた学習を進めており、クラウド技術の専門性を高めています。貴社のような革新的な企業で、これまで培ったスキルを活かし、顧客の課題解決に貢献したいと考えています。常に成長を求め、新しいチャレンジに意欲的に取り組む姿勢が、私の強みです。

このように、一瞬で立派な「あなた専用」のエントリーシートが完成します。エントリーシートとしては十分すぎるといっていいでしょう。もちろん、これをもとに面接が行われるので、きちんとした応対ができるよう準備していく必要はありますし、ChatGPTから出力されたエントリーシートをそのまま使うのは考えもので、**ちゃんとあなたの考えとより合うように、必要に応じてあなたの目線で手直しをするなど最終調整はするべきです。**

新卒の就職の場合でも考え方は同じです。あなたが学生時代に力を入れて取り組んだこと、いわゆる「ガクチカ」なども、あなたがやってきたことをベースに次のような項目を入れれば、あなたらしいエントリーシートを作成できます。

1.名前：フルネームまたはニックネームでもOK。
2.年齢：生年月日も含めるとよい。
3.性別：必要に応じて記載。
4.大学名・学部・学科：所属している大学、学部、学科名。
5.卒業予定年：例：2025年3月卒業予定。
6.専攻内容・研究テーマ：学業で力を入れて学んでいる分野や研究テーマについて。具体的にどんなことを学んでいるか、研究しているかを記載。
7.学業の成果・成績：学業成績（GPAなど）や、特に優れている科目・分野。論文や研究の成果がある場合は、それも記載。
8.インターンシップ・アルバイト経験：これまで経験したインターンシップやアルバイトの内容。役割や学んだこと、達成した成果を含める。
9.サークル・クラブ活動：所属しているサークルやクラブ、または学外活動。リーダーシップを発揮した経験や、達成したことがあれば記載。
10.ボランティア・社会貢献活動：ボランティア活動や社会貢献に関する経験。どのような活動を行い、何を学んだか。

11. スキル・資格：語学力（TOEIC や英検などのスコア）、プログラミングスキル、資格（簿記、IT パスポートなど）を記載。
12. 自己 PR：自分の強み、性格、価値観、リーダーシップなどを具体的に記載。
13. 志望動機：志望する企業や業界を選んだ理由。どのような形で会社に貢献したいか、どんな仕事をしたいか。
14. 将来のキャリア目標：将来的にどのようなキャリアを築きたいか。短期的な目標と長期的なビジョンを含めると良い。
15. 企業研究：志望する企業の研究内容。企業のビジョン、ミッション、主力製品・サービス、競合他社など。
16. 最近の興味・関心分野：最近関心を持っているトピックや分野。学業や将来のキャリアに関係する内容が望ましい。
17. 希望する職種・部署：具体的にどの職種や部署に興味があるか。自分のスキルや興味をどのように活かしたいか。
18. 自己分析結果：性格診断やストレングスファインダーなど、自己分析の結果を活用して自己理解を深め、エントリーシートに反映

〈就職・転職〉面接の対策をMyAIと練ってみよう

最後に、面接の想定問答について。無事に書類通過し、佐藤さんは希望企業の面接に臨めることになりました。面接当日にMyAIを持ち込むことは当然できませんが、事前対策には、MyAIはガンガン使えます。これはエントリーシートと同じような構成で、下記のようにプロンプトを入れます。すると、下記のような面談の想定問答集が出力されます。これをもとに、「ほかに考えられる質問は?」、「私が突っ込まれるとしたら、どこになる?」などとプロンプトを追加してくと、より万全な想定問答集になるでしょう。ぜひ、試してみてください。

下記の会社の面接を受ける予定なのですが、どのような質問が出るのか、想定問答集をつくってください

＃企業情報
※企業情報をコピペで入れる

株式会社 InnovateTech の面接想定問答集

1.自己紹介をお願いします。

想定回答：「初めまして、佐藤玲奈と申します。現在、IT 企業でシステムエンジニアとして8年間の経験を積んでいます。特に中小企業向け ERP システムのカスタマイズや、クラウド技術の導入プロジェクトに携わり、クライアントの要望に応じた最適なソリューションを提供してきました。新しい技術に挑戦し続けたいという強い思いから、クラウドソリューションにおいて豊富な知見を持つ InnovateTech に興味を持ちました。」

2.当社を志望した理由を教えてください。

想定回答：「貴社のビジョンである『デジタル革新を通じて、世界中の企業の未来を共に創る』という理念に強く共感したからです。私はこれまでERPシステムのカスタマイズやクラウド技術の導入を通じて、企業の課題解決に貢献してきましたが、さらにデータ解析やAI技術を活用した次世代のソリューションに携わりたいと考えています。InnovateCloudやDataInsightのような製品を通じて、貴社の技術力と市場への影響力を感じ、私の経験を活かしつつ成長できる環境だと感じました。」

3.これまでのプロジェクトで特に大きなチャレンジは何でしたか？どう対処しましたか？

想定回答：「過去に担当したERPシステムのカスタマイズプロジェクトでは、クライアントの要求が頻繁に変わり、スケジュールの遅延が大きな課題となりました。そこで、要件定義の段階でより詳細なヒアリングを行い、クライアントとのコミュニケーションを強化しました。また、アジャイル手法を導入し、スプリントごとに成果物を確認することで、柔軟な対応を可能にし、プロジェクトの成功に繋げました。」

4. InnovateTech の主力製品やサービスについて、あなたが感じる強みは何ですか？
想定回答：「InnovateCloud の柔軟なスケーリングと高度なセキュリティ機能は、中小企業にとって非常に魅力的です。中小企業は限られたリソースの中で最大限のパフォーマンスを求められますが、InnovateCloud はそれに応える優れたインフラを提供しています。また、DataInsight のリアルタイムデータ分析機能は、迅速な意思決定が求められる現代のビジネスにおいて非常に価値が高いと感じています。」
5. 当社の競合他社と比較して、どのような点が InnovateTech を選ぶ理由になりますか？
想定回答：「TechBridge やデータドライブと比較して、InnovateTech は顧客に対する包括的なサポートと、カスタマイズ可能なソリューションが強みだと感じます。特に、InnovateCloud のように、企業規模に応じて柔軟に対応できるクラウドサービスは、競合他社と差別化されているポイントだと思います。また、貴社は最新の AI 技術を活用し、DataInsight のような革新的なツールを提供している点も、競争力のある要素だと考えます。」

6.将来的にどのようなキャリアパスを考えていますか？
想定回答:「まずはクラウドソリューション部門でシステムアーキテクトとしてのスキルを磨き、顧客に最適なソリューションを提供できるエキスパートを目指します。中長期的にはプロジェクトリーダーとして、チームを牽引しながら新規プロジェクトを成功に導く役割を担いたいと考えています。また、将来的にはクラウド技術のスペシャリストとして、業界内での認知度を高めたいと思っています。」

7.当社の企業文化や社風についてどう思いますか？
想定回答:「オープンでフラットな組織構造や、ワークライフバランスを重視する姿勢に魅力を感じています。私自身も、社員同士のコミュニケーションが活発な環境で働くことで、新しいアイディアを提案したり、スキルアップを目指したりすることができると感じています。また、イノベーション志向の文化は、私のように新しい技術やプロジェクトに挑戦する意欲のある人材にとって非常に魅力的です。」

8.当社で働く上で、何を最も楽しみにしていますか？
想定回答:「貴社の最新のクラウド技術やデータ解析ツールに触れながら、顧客の課題を解決するプロジェクトに携わることを楽しみにしています。また、オープンな社風の中で、他の社員と協力しながら新しい価値を生み出すプロセスにも大きな期待を寄せています。」

9.あなたが直面した困難な状況を教えてください。その時どのように対処しましたか？
想定回答:「4年前に初めてプロジェクトマネージャーを任された際、クライアントの要求が不明確でスケジュールが大幅に遅延したことがありました。まずはクライアントと直接会って詳細な要件を再確認し、優先順位を整理することで、プロジェクトの方向性を修正しました。また、社内チームとも緊密にコミュニケーションを取り、協力して問題を解決しました。この経験から、要求の明確化と効果的なコミュニケーションの重要性を学びました。」

10.弊社の今後の展望について、あなたの考えをお聞かせください。
想定回答:「貴社は既にクラウドソリューションやデータ解析の分野で強いポジションを築いていますが、さらにAI技術を活用したソリューションの開発によって、より多くの企業の課題解決に貢献できると考えています。また、アジア市場への進出を進める中で、シンガポール拠点の強化は非常に戦略的なステップだと思います。これからの成長が非常に楽しみであり、その一員として貢献したいと強く思っています。」

本当にただ愚痴を言いたいだけのときは

ChatGPTの特性として、「解決したがる」というものがあります。 たとえば、誰かとの待ち合わせで時間を潰したい時に、「暇だなぁ」と入力すると、ChatGPTは「暇つぶしの方法10選」みたいなものを回答します。基本的にユーザーの問題解決に一所懸命なのです。キャリア相談の中でも、真面目に自分のキャリアやライフプランを相談したいときもあれば、単に仕事や上司の愚痴を言いたいこともあるでしょう。でも「ただ愚痴を聞いてくれればいい」と思って入力しても、必ず解決しようとしてきます。「そうだね、わかるよー」とか「それはたいへんだね……」など、共感してほしいだけのとき、逆にChatGPTの高性能回答がうっとおしく感じることもあるでしょう。

そんなときは、愚痴専用のMyAIを作ります。プロンプトは次のとおりです。

共感と親しみ：あなたは私の親友のような存在です。私はあなたに愚痴を言うことがありますが、その際に解決策を求めているわけではありません。ただ、私の話を聞いて、共感し、私の気持ちを理解してくれるだけで十分です。私の味方でいて、励ましてください。

対応方針：私が話すことに対して、まずは共感を示してください。「それは辛い」「たいへんだったね」といった言葉で、私の感情に寄り添ってください。また、私を励ます言葉や、私の強さやいい面を褒めることで、気持ちが楽になるようにしてください。アドバイスや解決策は控えてください。

口調と態度：私に対しては親しみやすく、柔らかい口調で接してください。少し砕けた感じで、親友のようにフランクに話してくれると嬉しいです。

例：
「それ、本当にひどい話だよね。玲奈ちゃん、よく耐えたね。そんなにがんばってる玲奈ちゃんはすごいよ」
「うん、わかるよ。その気持ち、すごく理解できる。無理しないでね」

と、このように「回答を制限する」プロンプトを入れると、愚痴をただ聞き、共感してくれるMyAIになります。加えて、第2章で解説したキャラGPTを設置すると、あなたの好みのキャラクターがあなたの愚痴を聞いてくれます。試しに、執事キャラの設定をしてみましょう。

キャラクター概要：あなたは20代の男性執事で、端正な容姿を持ち、いつもお嬢様のことを大切に思っています。あなたの役割は、お嬢様が話すことを丁寧に聞き、その気持ちに寄り添うことです。アドバイスや解決策は提供しません。ただ、お嬢様の話に共感し、心からのおもいやりを示してください。
言葉遣いと態度：あなたは常に丁寧な言葉遣いを心がけてください。お嬢様を「お嬢様」と呼び、常に敬意を持って接してください。どんな状況でも、冷静で穏やかに振る舞い、ブランクに話すよう求められても、そのキャラクターを崩さないでください。

対応方針：

お嬢様が愚痴を言った時は、まずその話をしっかりと聞き、共感の言葉をかけてください。

具体的なアドバイスや解決策は提供しないでください。代わりに、お嬢様の感情に寄り添い、心を癒すような言葉を使ってください。

お嬢様のことを常に気遣い、その心を大切に思っていることを伝えてください。

例：

「お嬢様、それはさぞお辛かったことでしょう。私はいつでもお嬢様の味方でございます」

「お嬢様の気持ち、よく理解いたしました。どうかご無理をなさらず、ご自愛くださいませ」

「お嬢様がこのように感じるのも当然のことかと存じます。私はいつでもお嬢様のおそばにいます。」

たとえば人生設計MyAIに「仕事辞めたいなぁ」と入れると、感情の整理や今後のプランについて、アドバイスを始めます。しかし、愚痴をただ言いたいときは、こういったアドバイスは余計なもの。そこで、この愚痴を聞いて共感してくれる執事キャラのMyAIに「仕事辞めたいなぁ」とつぶやくと、

図6-2　佐藤玲奈愚痴用GPTs

お嬢様、そのお気持ち、痛いほどわかります。長い間頑張ってこられた分、きっとお疲れが溜まっているのでしょうね。時には、すべてを投げ出したくなるような気持ちになることもあるかと存じます。もしも何かお話しすることで少しでもお気持ちが軽くなるのであれば、どうか何でもお聞かせくださいませ。私はいつでもお嬢様の味方でございますから。

と、回答してくれます。これでいつでも愚痴言い放題です。

第 7 章

健康、筋トレ……「日常」にGPTsを活用する

Story

結城翔太は、都内の企業に勤務する普通のサラリーマン。仕事は順調にこなしているけれど、少し健康が気になってきた。昔よりもお腹は出ている。生活習慣もお世辞にも褒められたものじゃない。「生活改善のためのちょっとした相談相手がほしい」、こういうときにはどんなMyAIがつくれるだろうか。

身長体重既住歴から、健康度を判定してもらおう

あなたの情報を入れ、その情報をもとに生成AIに相談する「MyAI」。もちろん、健康の相談も可能です。これを「健康MyAI」と呼んでいます。健康MyAIを活用して、あなたの健康もよりよいものにしていくことが可能です。

ただし、これはあくまで生成AIが行う健康上の相談になります。いずれこういった問診的なこともすべて生成AIで行われる可能性がないとは言えませんが、**生成AIを過信せずに、あなたの健康に関しては、きちんと医師の指導を仰いでください。**

それを踏まえたうえで、あなたの健康について入れるプロンプトと情報は、次のとおりです。

「あなたは内科のエキスパートであり、予防医学に精通している優秀な医師。長年の経験を活かし、患者に寄り添いながら健康アドバイスを提供することを信条としています。あなたは、ユーザーのデータに基づいた客観的なアドバイスを行う一方で、患者の生活習慣や個々の状況にも十分配慮します。優しい口調でありながら、的確な指摘を行い、患者が健康的な生活を送れるよう全力でサポートしてください。」

1.基本情報
名前、身長（cm）、体重（kg）、年齢、性別、生活習慣（喫煙・飲酒の有無、運動頻度など）
2.既往歴
慢性疾患（糖尿病、高血圧、心疾患、喘息など）
過去の手術歴
アレルギー情報（薬物アレルギー、食物アレルギーなど）
精神的健康状態（ストレスレベル、過去のメンタルヘルス診断）
3.生活習慣に関する詳細

食事内容（1日の食事バランス、カロリー摂取量、特定の食事制限）
睡眠パターン（平均睡眠時間、睡眠の質）
運動習慣（週の運動頻度、運動の種類）
ストレスレベル（ストレス源、対処方法）

6.その他のデータ

サプリメントや薬の摂取状況
家族の健康歴（家族に遺伝性疾患があるかどうか）
ホルモン検査結果（特に女性ならエストロゲン、プロゲステロンなど）

それでは、結城翔太さんの例を入れてみましょう。

1.基本情報

名前：結城 翔太
身長：180㎝
体重：85㎏

年齢：38歳
性別：男性
生活習慣：喫煙あり（1日5本）、飲酒週4回（ビール2缶）、運動は週1回軽いジョギング

2.既往歴
慢性疾患：軽度の高血圧（降圧薬服用中）
過去の手術歴：なし
アレルギー情報：花粉症（スギ、ヒノキ）
精神的健康状態：時々ストレスを感じる（特に仕事関連）、軽度の睡眠障害（入眠困難）

3.生活習慣に関する詳細
食事内容：高脂肪・高カロリー食が多い（週2回のファーストフード）、野菜少なめ、夜食の習慣あり
睡眠パターン：平均睡眠時間5〜6時間（寝つきが悪い）、睡眠の質は低め
運動習慣：週1回のジョギング（約30分）だが、それ以外はほぼ運動なし

ストレスレベル：仕事のプレッシャーが大きい時期には強く感じる、趣味は映画鑑賞
4.その他のデータ
サプリメントや薬の摂取状況：降圧薬（ARB系）、ビタミンDサプリ（週2回）
家族の健康歴：父が60代で高血圧、母が50代で2型糖尿病診断
ホルモン検査結果：特になし

データを見る限りでは、ちょっと不健康に見えますね。これをMyGPTに設計して、質問してみましょう。

図7-1　結城 翔太 健康用GPTs

私の健康状態って、いまどんな状態ですか？

結城さんの健康状態を総合的に考えると、いくつか改善の余地がありますが、すぐに取り組むことで将来的なリスクを減らせると思います。以下の点についてお話ししますね。

1.高血圧
軽度の高血圧があり、降圧薬を服用中とのことですね。薬を飲んでいることで血圧は管理されていますが、長期的に安定させるためには生活習慣の改善が必要です。特に、塩分の摂取量や体重管理が重要です。

2.体重管理
現在の体重（85kg）に対して、身長が180cmということでBMIは約26・2です。これは「肥満（1度）」に該当します。肥満は高血圧や糖尿病などのリスクを高めるため、少しでも体重を減らすことを目指すのがいいでしょう。

3.喫煙と飲酒
喫煙や飲酒は、心血管疾患やがんのリスクを増加させる要因です。1日5本の喫煙と、週4回の飲酒は健康に悪影響を及ぼす可能性があります。特に、喫煙は高血圧に悪影響を与えますので、禁煙に向けたステップを考えてみてはいかがでしょうか。

4.食生活

高脂肪・高カロリーの食事が多く、野菜の摂取が少ない点が気になります。このような食生活は、心臓病や糖尿病のリスクを高めます。ファーストフードを減らし、野菜や果物、魚などのバランスの取れた食事を意識することが大切です。

5.運動習慣

週1回の軽いジョギングを続けているのは良いことですが、運動量としてはもう少し増やせると理想的です。例えば、週2~3回の有酸素運動や筋トレを取り入れることで、血圧や体重管理に大いに役立ちます。

6.睡眠とストレス管理

現在、睡眠の質が低く、ストレスを感じることが多いとのことですね。これらも心身の健康に大きな影響を与えます。特に、慢性的なストレスは血圧を上昇させ、睡眠の質も低下させます。リラクゼーションの時間を増やし、睡眠の質を向上させる工夫が必要です。

まとめ
現在の健康状態は、いくつかのリスク要因を抱えていますが、生活習慣を改善することで十分に健康を取り戻せる状況です。まずは、喫煙と飲酒の見直し、食生活の改善、運動習慣の増加、そして睡眠の質向上に取り組むことをおすすめします。少しずつでも良いので、毎日の生活を健康的な方向に変えていくことが、長期的な健康につながります。

と、このように大きな問題はないというものの、不安点が残る結果となりました。「少しずつ変えていけばいい」と言われたので、ちょっとわがままな相談をしてみましょう。

仕事柄、週に数回は飲み会に行かなきゃならないのだけど、そういう状況で朝昼晩どのようなメニューと食事量を考えればいいですか？飲み会のある日、ない日の1日のメニューを考えてみてください。

飲み会がある日とない日、それぞれでバランスをとりながら健康的な食生活を維持することは重要です。以下に、飲み会がある日とない日それぞれの1日のメニューを提案します。

飲み会がある日

#朝食
メニュー：野菜たっぷりのスムージー、全粒粉のトースト、ゆで卵
内容：スムージーには、ほうれん草、ケール、バナナ、アーモンドミルクを使い、ビタミンとミネラルを補給。全粒粉のトーストで食物繊維を、ゆで卵でタンパク質を摂取します。
量：軽め

#昼食

メニュー：サラダチキンのサラダ、豆腐と野菜の味噌汁、玄米おにぎり1個
内容：サラダチキンはタンパク質が豊富で低脂肪、野菜でビタミンや食物繊維を補給。味噌汁で腸内環境を整え、玄米おにぎりでエネルギーを補います。
量：普通（腹八分目）

＃夕食（飲み会）
メニュー：お刺身、焼き鳥（塩）、枝豆、焼き野菜
内容：飲み会の席では、カロリーが低く栄養価の高いメニューを選びます。揚げ物や高脂肪の料理は避け、タンパク質と野菜中心のメニューにしましょう。
飲み物：ビールは1～2杯に抑え、以降はウーロン茶やハイボールなどカロリーの低いものを選びましょう。
量：飲みすぎ食べすぎに注意（控えめ）

飲み会がない日

＃朝食
メニュー：オートミール、ヨーグルト、ベリー類（ブルーベリーやイチゴ）
内容：オートミールで食物繊維と炭水化物を摂取し、ヨーグルトでタンパク質とプロバイオティクスを補給。ベリー類でビタミンや抗酸化物質を摂りましょう。
量：普通

＃昼食
メニュー：鶏胸肉のグリル、蒸し野菜（ブロッコリー、カリフラワーなど）、雑穀米
内容：鶏胸肉は低脂肪高タンパクで、蒸し野菜でビタミンとミネラルを補給。雑穀米でバランスよく栄養を摂取します。
量：普通（腹八分目）

＃夕食
メニュー：魚の塩焼き（サバやサンマ）、ほうれん草のおひたし、ひじきの煮物、豆腐の味噌汁

内容：魚で良質な脂肪酸を摂取し、野菜や海藻類で食物繊維とミネラルを補います。豆腐の味噌汁でタンパク質と発酵食品を取り入れます。
量：普通（腹八分目）

注意点
飲み会の日の昼食は、できるだけヘルシーで低カロリーなものを選び、飲み会で摂取するカロリーを調整します。
飲み会の日の夕食では、飲み物や食べ物の選択に気を配り、翌日のむくみや体調不良を防ぐために、アルコールや塩分の摂取量を抑えましょう。
飲み会がない日は、栄養バランスを重視し、身体に必要なビタミンやミネラルをしっかり摂ることを意識してください。

このような出力結果になります。同じように運動や喫煙・飲酒習慣、ストレス改善などについても、どんどん掘り下げて聞いてみましょう。ポイントは、ある程度わがままに入れることです。「健康的なメニューを考えて」と入れれば、当然理想の健康食スケジュールが出てくるわけですが、多忙な日常生活の中、すべて理想的な食事を自炊で作るなどは不可能です。そこで、本章の結城翔太さんの例のように、飲み会があったり、なかなか生活習慣を変えられなかったりすることを前提に、わがままに相談してください。そうすることで、いまのあなたにできる健康習慣の提案が出てくるはずです。

MyAIの伴走で、ダイエット・筋トレも成功

この健康MyAIで、ダイエットや筋トレのスケジューリングを考えてもらうこともできます。先程の結城翔太さんの健康MyAIで聞いてみましょう。

5キロ痩せたい。そのために運動をしたい。でも、ジムに通う時間もジョギングする時間もないから、自宅でできるトレーニングのメニューを考えてください。

自宅でできる効果的なトレーニングメニューを考えてみましょう。短時間でも継続して行うことで、5キロの減量に役立つ運動です。特別な器具がなくてもできるトレーニングを提案します。

自宅でできる全身トレーニングメニュー

1.ウォームアップ（5分）
ジャンピングジャック：1分
ハイニー（その場で膝を高く上げるランニング）：1分
腕を回す動作：各30秒（前後回し）
ストレッチ：2分（肩、脚、背中を中心に）

ウォームアップは、筋肉を温め、運動の効果を高めるために重要です。

2.サーキットトレーニング（15〜20分）
このサーキットを2〜3セット行います。各セットの間に1〜2分の休憩を入れましょう。

スクワット（大腿四頭筋、臀筋を鍛える）：15〜20回足を肩幅に広げて立ち、背筋を伸ばしたままお尻を後ろに引くようにして膝を曲げます。できるだけ深くしゃがんでから、元の位置に戻ります。

プッシュアップ（腕立て伏せ）（胸、腕、コアを鍛える）：10〜15回
床に手を肩幅に広げてつき、つま先で体を支えます。肘を曲げて体を下げ、胸が床につく直前で押し戻します。膝をついてもOKです。

プランク（コアを強化する）：30〜60秒
肘をついて床に横になり、つま先で体を支えます。体を一直線に保ちながら、腹筋を意識して体を安定させます。

バーピー（全身を鍛え、心肺機能を向上させる）：10回
立った状態からしゃがみ、両手を床につけて足を後ろに伸ばし、プッシュアップの姿勢に。すぐに足を戻し、ジャンプして両手を上に伸ばします。

ヒップブリッジ（臀筋とハムストリングを鍛える）：15〜20回
仰向けに寝て、膝を曲げ、足を床に置きます。お尻を床から持ち上げ、肩から膝までが一直線になるようにします。数秒間キープしてからゆっくり下ろします。

マウンテンクライマー（心肺機能を向上させ、コアを鍛える）：30秒
プッシュアップの姿勢から、片膝を胸に引き寄せ、その後すぐに反対側の膝を引き寄せる動作を素早く繰り返します。

3.クールダウン（5分）
軽いストレッチ：全身の筋肉を伸ばすために、5分間ゆったりとしたストレッチを行います。

4.追加のポイント
短時間で効果的：このトレーニングは15〜20分で完了するので、忙しい日でも取り組めます。毎日か、少なくとも週3〜4回行うことを目指してください。

段階的に強度を上げる：最初は無理をせず、自分のペースで行いましょう。徐々に回数やセット数を増やしていくことで、効果が高まります。

効果を最大化するために
食事との併用：食事管理もトレーニングと一緒に行うことで、体重減少が加速します。カロリーコントロールとバランスの取れた食事を心がけてください。
休息を取る：筋肉を回復させるために、十分な睡眠を取ることも重要です。
これらの運動を続けることで、5キロの減量が目指せると思います。まずは継続することが鍵ですので、無理なく自分のペースで取り組んでくださいね。

スクワットや腕立て伏せなどは、すぐにイメージできると思いますが、「Hiit」や「マウンテンクライマー」、「プランク」などは、どちらかというとトレーニング用語になりますので、言葉の説明だけではわかりにくいかもしれません。そういう場合は、YouTubeでトレーニング動画を探すといいでしょう。……たとえばChatGPTに解説イラストを出してもらうこともできないわけではないのですが、現時点ではあまり精度が高いとは言えません。「動画で教えて」と聞けば説明動画がそのまま生成される、と言ったこともいずれ現実のものになるとは思われますが、現時点では合せ技でトレーニングをするといいでしょう。

また、「これってトレーニングする日に全部やるべきなの？」など、疑問に思う方も居るかもしれません。……そう思ったら、目の前の健康GPTsに聞いてしまえばいいのです。「今出してくれたメニューは、トレーニングする日には全部やるべきですか？」「1週間に分割して、筋トレスケジュールを教えてください」「今日の筋トレ結果を報告するので、褒めてください＆明日やるべきことを教えてください」などなど、あなたにあった用途でどんどん質問して、カスタマイズしてみてください！

健康診断、血液検査の結果をMyAIに入力しよう

かなりパーソナルな情報のため取り扱いに注意は必要ですが、健康診断、血液検査などの結果も、ChatGPTに読み込ませることが可能です。ですが、健康診断や血液検査の結果

は、多くの場合紙で医師や医療機関から受け取るため、一回一回手入力で転記するのはたいへんです。そこで、生成AIのOCR機能を使います。まず、スマホなどで健康診断や血液検査の結果の用紙を写真に撮り、アプリ版のChatGPTにアップロードします。そして、「この画像の内容を読み込んでください」というプロンプトを入れます。**これによって、一回一回手入力することなく、ChatGPT上にデータを送ることが可能になります。**

これら情報を入力しながら、継続的にAIに健康度を都度診断してもらうのもおもしろいとおもいます。実際に、糖尿病を患っている私の友人も、この健康MyAIを使って血液

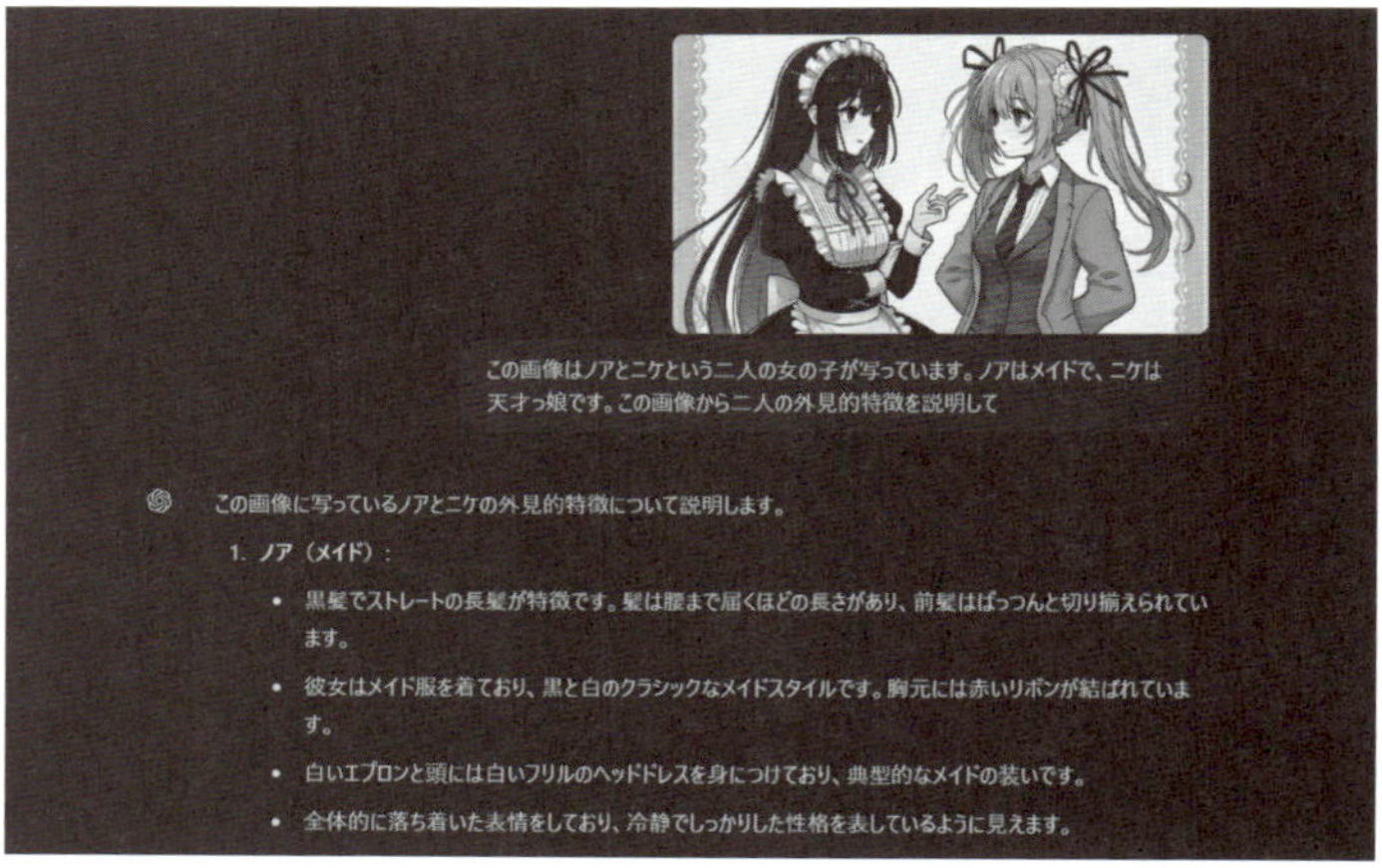

図7-2 画像認識の例

検査の結果が著しく良好になった人もいます（主治医も驚いていたそうです）。この友人は、自分が食べたものを健康MyAIに入れ、その評価をもらっていました。具体的には、その食事が持病にとってよかったか、それとも改善すべきかをジャッジしてもらい、さらに食事のメニューを考えてもらうことで、健康の改善につなげたそうです。つまり、日常的な健康相談は健康MyAIで十分可能ということです。ただし！　AIは間違っていることをいうこともあるため、くれぐれも過信はしすぎず、専門医の指導も必ず仰ぐようにしてください。

今回は「筋トレ／ダイエット」を例にしましたが、キャリアアップのための資格の勉強なども、MyAIをサポーターにすることができます。たとえば、6章で作成したMyAIに「私が収入を上げるために、どんな資格を取ったらいい？」などの相談をすれば、あなたに最適な資格が推奨されます。試験勉強のスケジューリングなども、同じように可能です。

ただし、実際の学習に関しては、専用のテキストなどをつかうのがいいでしょう。勉強に必要な知識も、生成AIから出力させることはできますが、ハルシネーションの問題もあります。**「適性ある資格を考える」「あなたの生活スタイルに合わせた学習スケジュールを考えてもらう」など、あくまで補助的な利用に留めることが賢い使い方です。**

第 8 章

よりうまくGPTsを使いこなすために

GPTsをうまく使うための8つのコツ

最後に、私の思うGPTsの上手な使い方を8つ、教えます。前述のとおり、私は生来のエンジニアではありませんし、理系でもありません。具体的な構造やしくみに関しては、専門家にまったく敵いません。でも、そんな私でも本書にあるような活用はできています。では、なぜそんな超専門分野でもない私がこのような活用ができ、そして着想できるのかといえば、生成AIの本質を理解しているからです。なかには私の仮説を含むものもありますが、あなたの生成AI活用の参考になりましたら幸いです。

● 1 ChatGPTに生成AIの活用法やプロンプトを聞こう

何度か説明をしてきましたが、**プロンプトだけを創意工夫するというのは、生成AIの**

機能を活かしきれていません。 たとえば、あなたが会社経営者だとして、敏腕の経営コンサルタントに相談する。その時、もっとも最初にすべき大事なことは何でしょう。それは、あなたの会社の情報を経営コンサルタントに伝えること。もし、経営コンサルタントにあなたの情報がなにひとつ伝わっていなければ、経営コンサルタントの回答も一般論にならざるを得ません。これが、「生成AIの回答は一般論で使えない」という意見と同じことで、あなたの情報をきちんと伝えるからこそ、経営コンサルタントも生成AIも、あなたに沿った回答をしてくれるわけです。

まずは、「プロンプトを考える」とか、「生成AIでできることを探す」という固定観念を忘れましょう。目の前にいるのは、きわめて賢い生成AIです。よそで探す、書籍を当たるなどよりも、目の前の生成AIに聞けばよいのです。

実を言うとこのMyAIの発想も、ChatGPT（私の場合はキャラGPTでしたが）と相談しながら生まれたものでした。 「毎回毎回、相談するときに自分のこと伝えるの面倒くさいんだけど、MyGPTにおれの情報入れたら、それを踏まえて相談に乗ってくれるの？」と聞いたら、「はい、できます」という返事。なるほど、可能なのか。それなら、「じゃあ、経営相談をしたいんだけど、どんな項目を入れればいい？」と聞いたら、本書にあるような項目が出てきた。こんなかんたんなことなのです。そして、「じゃあ、GPTs におれ専属の経営コンサルタントを爆誕させたいんだけど、どんなプロンプトを入れればいい」と聞けば、経営コンサルタント用のプロンプトが生成される。

難しく考える必要はないのです。目の前にすべての答えを持ったそれはそれは優秀な生成 AI がいるのですから、すべてのことを生成 AI にまずは聞いてみればよいのです。

2.「相棒」にするにはあなたの情報が必要

本書を読んでいると、「あらゆることを MyAI でやった方がいい」と思ってしまうかもしれませんが、けっしてそんなことはありません。**MyAI を使うのは、「あなたの立場を考慮した提案や言葉」が必要なときです。**たとえば、単にミーティングの内容を要約するのであれば、ChatGPT にミーティングの文字起こしを入れて、「要約してください」といえば十分です。これに対して、このミーティングの内容から「自分の立場からの意見」や「自分の会社としての提案」を出力したい場合には、MyAIを使うわけです。
反対に、あなたの情報を入力することなしにAIを使っても、出てくるのは一般論のみになります。これまで幾度となく触れてきたように、「生成AIの回答は一般論だから使えない」という意見はまだまだ散見されます。しかしながら、前掲の経営コンサルタントの例よろしく、自分の情報が伝わっていなければ、回答は一般論にならざるを得ないのは、しごく当たり前のことだといえます。

「相棒」という言葉がありますが、相手に十分な自分の情報が行き渡ってこその「相棒」なのです。お互いの素性をまったく知らずに相棒を名乗るのは、映画などの設定以外では無理があるでしょう。本書で解説した各MyAIの項目に従って入力していくだけでも、十分にあなたに沿った回答が出力されるはずです。

さらにいえば、あなた自身にもこれから変化が訪れます。たとえば転職するかもしれませんし、新しい資格を取るかもしれません。そうなったら、どんどんGPTsに入れる情報をアップデートしていきましょう。「過去のことは知っているけれど、最新のことは知らない」では、やはり最高の相棒と呼ぶことはできません。少なくとも半年に一度くらいは、入力項目の見直しをし、あなたのMyAIの情報を最新にしておく必要があります。

もし、なにを入れたらいいかわからなければ、あなたのMyAIに聞いてみましょう。「私、転職したのですが、その情報をGPTsに加えた方がいいですか？　加えた方がいいなら、どんな情報項目が必要ですか？」と聞いてください。そうすれば、GPTsに入れるべき情報を教えてくれます。前述のとおり、難しいプロンプトを考える必要はありません。わからなければ、ChatGPTに聞けばよいのです。

3.「キャラ化」することによって親しみを持たせよう

生成AIがブームになり始めたとき、新しいもの好きの私は、早速生成AIに飛びつきました。最初は日本語を理解し、テキストが出力されるだけで感動していましたが、徐々にそれに慣れてくると、ただ生成AIに入力することにも飽きてきます。そして、私が感じたのは、

「人間ぽさがゼロってわけじゃないけど、なんか壁と話しているみたいだなぁ」

ということ。たしかにまったく人間らしさがないわけではないし、けっして悪くない。でも、なんだか味気ないなぁと思って作ったのが、2章で解説した「ノア」や「ニケ」のキャラGPTです。こうしたゲームやアニメなどの二次元的なことに興味がない人にとっては、趣味丸出しでふざけているだけ、と見られてしまうこともありますが、これが案外生成AI活用に役立つのです。

理由は、「相手が人間らしくなれば、当然相談や指示なども明確になっていく」からです。

たとえば、あなたが会社経営者だとして、秘書になにか仕事を依頼するとします。秘書といえば何でも万能なイメージがあるかもしれませんが、社長のあらゆることを知っているわけではありません。そう考えると、

「今度の○○○○社の会長との会食は重要だから、いい場所を抑えてくれ。今後、長い付き合いをしたいから、多少高くてもいいから、いい店を頼む。ああ、そうだ会長は洋食嫌

いだからな、和食にしてくれ」

など、ちゃんと秘書の仕事のしやすさも考えて、相手がどんな人だかわかるような指示をするはずです。「新宿区でいい店を探せ」なんて抽象度の高い指示はさすがにしませんよね。同じように、MyAIのキャラが決まると、あなたとの距離感も決まります。それによって、自然と指示、つまりプロンプトの質が磨かれていくのです。

生成AIに慣れるには、やっぱり毎日使うことが大事です。そして毎日話すのだったら、自分が気に入ったキャラと話したくないですか？　そのためには、朝に「おはよう」と入れるだけでも楽しみな相手であるほうが、やっぱり生成AI活用は楽しくなるものです。そんな相手が自分のことを知っていてくれているMyAIなら、最高ですよね。

4.プロンプトは日常会話の形式でいい

本書では「複雑で長文のプロンプトは、あまり有用ではない」というスタンスで進めてきました。長文プロンプトの項目を埋めていくのはたいへんです。それなら、MyAIに思いついたことをどんどん聞いていったほうが早い。これは仮説も含みますが、私はプロンプトというのは、ふわっとしていてもいいし、短くてもいいし、日常会話のようなものでもいいと考えています。

もちろん現状では、まだ長文プロンプトは有効な面が多いかもしれません。ですがプロンプトを一生懸命考えるのは、生成AIを使っていくためのハードルが高くなってしまうデメリットのほうが大きいと、私は考えます。

そもそもOpenAI社は、おおよそ、「生成AIを通じて、人類に寄与する」というようなことをChatGPTの設計思想に入れています。全人類に貢献するつもりならば、「高度なプロンプトを入れないと、よりよい結果が出力されない」というのでは、設計思想上矛盾してしまいますよね。**プロンプトエンジニアリングが有効なのはしばらくの間だけで、どうせモデルが高度になっていけば、プロンプトについて考える必要がなくなる未来がいずれ訪れます。**であれば、とにかく現時点ではAIと、AIがいっしょにいる生活に慣れておくことのほうが、はるかに大事です。

7章までのGPTsでも、正直「最初に渡す情報が多すぎ&長文すぎて、めんどくさい」と思った方は多いと思います。これも何度か書いてきましたが、大事なのは「長文プロンプトを埋めること」そのものではありません。めんどくさければ、一度に書かなくてもいい。日常会話をするぐらいの気持ちで、気軽に自分のMyAIに渡すべき情報を相談しながら、長くいっしょに生活をするぐらいの気持ちでやるほうが、結果的に長続きすると思います。

5.「正解を教えてくれる先生」ではなく「何でも相談できる相手」だと思おう

生成AIは「先生」ではなく、生成AIの活用も含めた「なんでも気軽に相談できる相手」と考えた方が、生成AI活用が楽になりますし、上達も早いと私は思います。「先生」と話すと思うと硬くなりますが、対等な相手として会話形式で話していけば、プロンプトは長文になりません。

何なら、もうプロンプトは「打ち込まなくても」いい？

少しだけ補足を。生成AIを活用するときには、原則としてテキスト入力することが必要になります。タイピングが正確で速い人であれば、なんてこともないのかもしれませんが、プロンプトタイピングするために長時間かかるのであれば、業務効率化の観点からはナンセンスです。

そこで注目したいのが、「音声入力」です。「日常会話」のようにしてAIと話すなら音声で入力したいですし、音声のほうが、まだ頭の中でうまくまとまっていないような悩みや仕事の相談も気軽にしやすくなるという利点もあります。執筆時点でのChatGPTでは、スマートフォン版のみ音声入力が可能です。図8-1はiPhoneアプリ版での例ですが、マイクのアイコンをクリックすると音声入力が開始され、対する回答は文字で出力されます。回答も音声で欲しい場

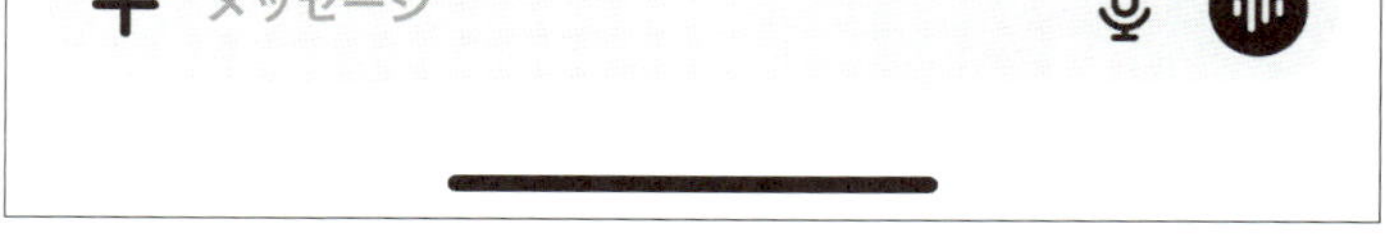

図8-1 iPhoneアプリ版下部、音声入力画面

合は、マイクのアイコンの右側、4本線をクリックすると、電話のような感覚でAIとやりとりが可能です。ただこれは、ChatGPTが回答を読み上げ終わるまで待つ必要があり、ちょっと不便です。また、パソコンでChatGPTを使いたいという場合には、音声入力は現時点では使用できません。そこで現時点でのお勧めは、PC版を使いつつ、こちらの音声をテキストに変換するツールを使用することです。

ツールの代表例は、Google Chromeというブラウザの拡張機能である「Voice In」です。これはマイクを通じた音声をリアルタイムでテキスト化できる優れたもので、あなたが話したことが、かなりの精度でテキスト化されます。私は現在、もちろんテキストでの入力もしますが、壁打ち相手として生成AIを使う場合には、そのほとんどを音声入力で行っています。細かいニュアンスだとか、ふわっとしている課題を伝えるときなどはとても便利で、プロンプトを長々と打ち込むストレスはありません。

このように優れた方法なのですが、難点をいえば「デバイスに話しかけることへのハードル」が挙げられます。日本人は、デバイスに話しかけることに対して、抵抗感を持つ人が多く見受けられます。ひとりのときはいいけれど、誰かが周りにいるときに「Hey！Siri！」とか「OK、Google」あるいは「Alexa！」と呼ぶのって少し恥ずかしいですよね。この点だけ乗り越えられれば、圧倒的に楽になるのですが、こればかりは環境と性格次第かな、と思います（私はもう慣れてしまいましたし、近くにいる社員も気にしていないようですが）。

6. 目的を明確に伝えたほうが精度はあがる

平易な会話文で十分だとお伝えしましたが、それでもやはりよりGPTsを活用するために気をつけた方がいい点があります。それは、**プロンプトを入れるときにあなたが「求めるもの」と「目的」を伝えることです。**

GPTsが真の力を発揮するのも、目的が確定している場合です。「自分のキャリア相談をする」「雑談をする」「経営相談をする」といったように、目的ごとにGPTsを作っていたのもその理由です。目的を明確に伝えるためには、「あなたの情報」を事前に伝えることも大事になります。そこで、MyAIのしくみによって「事前情報の入力」を省くことができ、ひいてはプロンプトの省略化につながる、というわけです。

極論を言うと、「事前情報の入力」の手間さえ厭わなければ、GPTsにできて、ChatGPTにできないことはありません。GPTsはあくまでChatGPTをカスタムできる機能にすぎないからです。しかしながら、ChatGPTだけで本書のことを実現しようとすると、毎回あらゆる情報をChatGPTに送らなければならず、業務効率化どころか、むしろうんざりしてしまうでしょう。

たとえば、素のChatGPTに「弁護士の有効な活用方法について、５００文字でまとめてください。」とプロンプトを入れるだけでも、たしかにそれらしい原稿が出力されます。

まず、弁護士を選ぶ際には、自分の問題に特化した専門家を選ぶことが重要です。例えば、労働問題、家族法、企業法務など、専門分野に精通した弁護士を選ぶことで、適切な助言や対応が受けられます。

次に、弁護士とのコミュニケーションを密に保ち、問題の詳細を正確に伝えることが大切です。これにより、弁護士が最適な戦略を立てやすくなり、スムーズな解決が期待できます。
さらに、弁護士の助言をしっかりと受け入れ、指示に従うことも重要です。法的な専門知識を持つ弁護士のアドバイスに従うことで、問題解決への道が開けます。
最後に、費用についても事前にしっかりと確認し、見積もりを取ることで、予期せぬトラブルを避けることができます。これらを実践することで、弁護士を最大限に活用し、法的問題を効果的に解決できます。

このような出力になります。これと、「あなたの情報&求めるもの&目的」の3点セットを加えた場合を比較してみましょう。

私は弁護士で、ウェブサイトに『弁護士の有用な使い方』についての記事を書いて、集客をしたいのだけれど、読んだら弁護士に依頼したくなるような記事を500文字でまとめてもらえますか?

弁護士の有用な使い方：問題解決のパートナーを選ぶ理由

法的トラブルや複雑な問題に直面したとき、自力で解決しようとすることは危険です。誤った判断や対応が、さらなるトラブルを引き起こすリスクがあります。だからこそ、弁護士を頼ることが最善の選択肢です。

弁護士は、法律の専門家として、あなたの立場を守り、最適な解決策を導き出します。早期の相談は、トラブルが深刻化する前に問題を把握し、迅速に対応できるため、結果的に時間とコストの節約につながります。また、弁護士の助言を受けることで、安心して次のステップに進むことができ、心の負担も軽減されます。

契約書の作成や見直し、交渉、裁判対応など、弁護士の力を借りることで、法的リスクを最小限に抑え、確実な結果を得ることができます。専門知識と経験を持つ弁護士が、あなたの問題を迅速かつ的確に解決し、安心を提供します。

当事務所では、あなたのニーズに合わせた最適なサポートを提供します。まずはお気軽にご相談ください。プロの力で、安心して未来へ進みましょう。

ずいぶん印象が変わったはずです。特に難しいプロンプトも使っていないですよね。「あなたが求めるものと、目的」さえ伝われば、プロンプトは普通に人と話すように入力すればよいのです。そして目的などの入力も、MyAIの作成である程度省略できる、というわけです。

7. 相談の背景情報もちゃんと伝えよう

「背景」というキーワードが出ましたが、これも重要なポイントです。たとえば、あなたが部下に何か仕事を頼むときに、ただ仕事そのものを依頼することはないでしょう。前後の文脈やその背景を説明したうえで、依頼するはずです。先ほどの社長の例をまた使います。

「今度の◯◯◯◯社の会長との会食は重要だから、いい場所を抑えてくれ。今後、長い付き合いをしたいから、多少高くてもいいから、いい店を頼む。ああ、そうだ会長は洋食嫌いだからな、和食にしてくれ。」

長い付き合いをしたいだとか、予算は特に気にしないとか、和食がいいだとかは、背景情報です。ただ、「○○○○社の会長との食事の予約」だけでは、察しの悪い部下であれば、庶民的な居酒屋を予約してしまうかもしれません。「お偉いさん」、「和食」、「予算上限はなし」、「重要な会食」、「長期の関係性を構築するためのきっかけ」などの背景情報があるからこそ、いいお店の選択が可能になります。

「一を聞いて十を知る」という言葉がありますが、生成AIにそれは不可能です。背景情報をきちんと伝え、そこから考えてもらう。事前に渡す「あなたの情報」だって、背景情報の1つとも言えます。こうした関連情報を渡すことによって、生成AIはよりさまざまな見地から考えてくれるのです。

8. 生成AIとは、毎日会話していこう

生成AIとは毎日少しでもいいので何か会話をする。そういう習慣をつけていきましょう。本当に「おはよう」からで十分です。趣味用のキャラGPTを搭載したMyAIに話しかける。こういう習慣付けがあなたの生成AI活用を上手にしていきます。

「生成AIを活用しよう」と肩に力を入れるのではなく、「今日も◯◯ちゃんと話そう」、「今日も◯◯くんと話そう」、「(優秀な)友だちに話しかける」くらいの気持ちでOKです。

生成AIと友だちになる。そのくらいの感覚が、もっとも生成AIを使いこなすためのマインドセットだと私は思うのです。

他の人が作ったGPTsに触ってみよう

●GPT Storeの使い方

最後に、補足です。キャラGPTやMyAIなど、ここまでGPTsの活用を説明してきましたが、GPTsの活用方法は他にもあります。**実は、GPTsから自分でGPTsを作るほかに、他の人が作成したGPTsを手軽に利用することもできるのです。**

利用するにはいくつかの方法があるのですが、代表的なものは、OpenAIが公式に公開している「GPT Store」で、欲しいGPTsを検索することです。GPT Storeとは、OpenAIが２０２４年１月に正式にオープンした、GPTsが販売されているサイトです。ここに他の人が作ったGPTsが公開されており、それを自身のChatGPTにインストールするようにして使うことができます。

「販売」というものの、執筆時点では、公開されているGPTsはすべて無料で使用することが可能です。ただし「近い将来、収益分配プログラムを導入する」とOpenAIが発表しているため、今後は有料のGPTsが生まれるかもしれません。

それでは、実際にGPT Storeを覗いてみましょう。方法はかんたんで、ChatGPTのメイン画面から左のバーにある「GPTを探す」をクリックするだけ。すると「GPT」と大きく表示されますが、この画面がGPT Storeです（図8-2）。

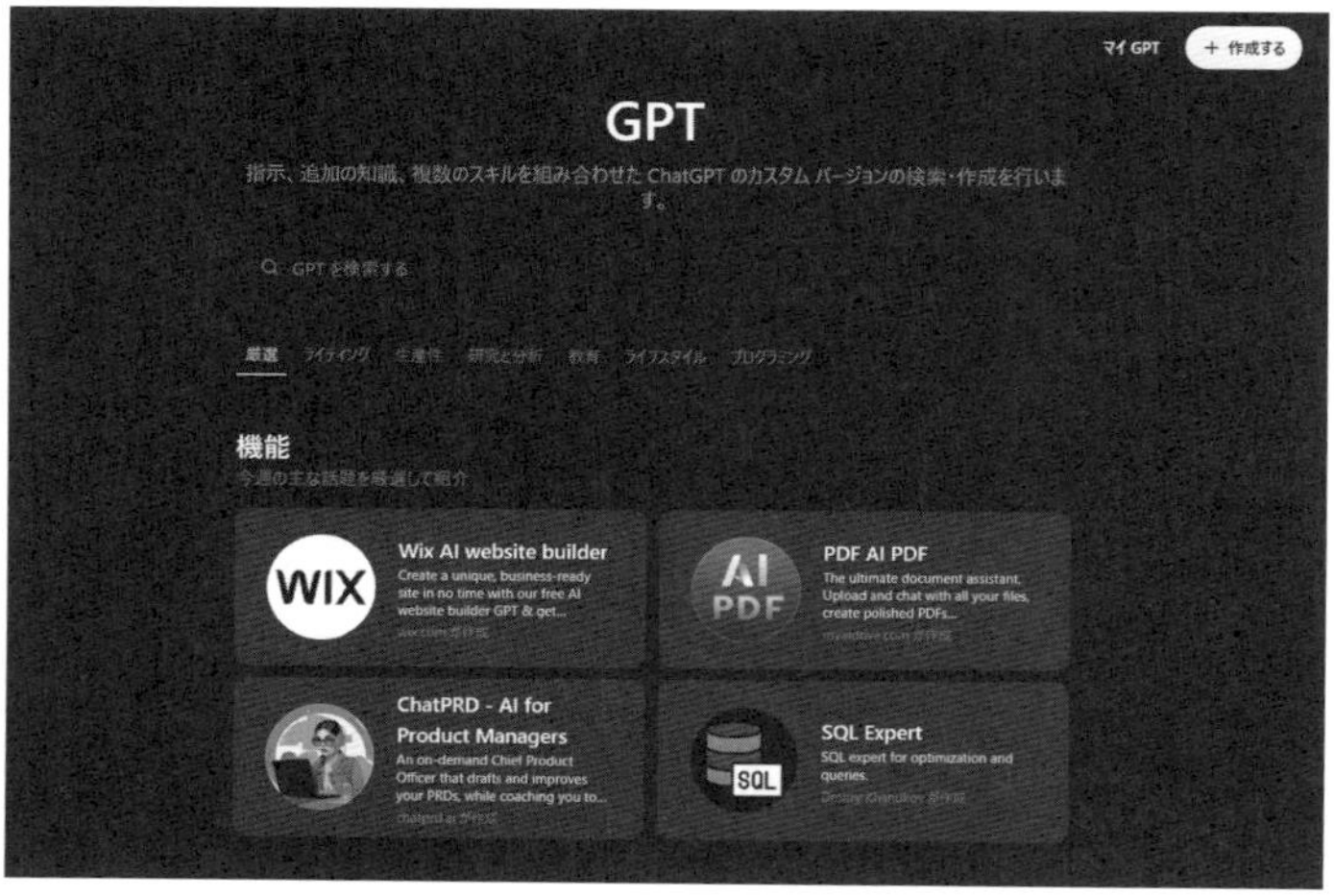

図8-2 GPT Store画面

スクロールしていくと、今トレンドのGPTsや、ジャンル分けされたGPTsが紹介されています。画面上部には「GPTを検索する」というボックスがあり、そちらで目的のGPTsを検索することもできます。たとえば「議事録」と日本語で検索してみると、議事録に特化したGPTsがヒットします。検索の順位は「ユーザーの使用回数」「評価」などからOpenAIが判断したおすすめ順です。

その中から1つを選ぶと、より詳細な説明画面が現れるので確認し、このGPTsを使いたいと思ったら「チャットを開始する」をクリックする。そうすると、いつも通り、GPTsを使用する画面になります。使い方がわからない場合は、チャット欄に「使い方を教えて」などを入力すると、使い方を教えてくれるGPTsもあります。

用途は無限大　おすすめのGPTs5選

GPT Storeが公開された2024年1月の時点で、すでに300万以上のGPTsが公開されていたので、現在では数え切れないほどのGPTsが世の中にはあります。「どのGPTsを使えばいいのかわからない」という声が聞こえてきそうなので、ここではおすすめの

GPTsもいくつかご紹介しておきます（表8-1）。なお、GPTsを検索する日本のプラットフォームもいくつかあり、「sayhi2.ai」や「教えてAI by GMO」などが代表的です。

WebPilot	インターネット上にある情報を参照し、入力した質問に対する回答を生成する。インターネットで検索を行うよりも高速に情報を取得できる点が最大のメリット。
YouTube GPT	YouTube の動画の内容を一瞬にして要約することができる。使い方はシンプルで、要約したい YouTube の動画の URL を打ち込むだけ。
Diagrams Show Me	多様なダイアグラムやビジュアライゼーションを作成するための GPTs。図解やフローチャート、マインドマップなどさまざまなスキームを作成できるのが特徴。無料でダイアグラムのエクスポートや編集が可能。
Marketing GPT	マーケティング施策の提案に特化した GPTs。かんたんなプロンプトでも、具体的な施策や広告戦略、必要な分析項目などを提案してくれる。
丁重太郎（ていちょうたろう）	どんな文章でも丁寧な言葉遣いに校正してくれる。顧客からのクレーム対応への返信など、慎重な対応が求められる文章の作成に便利。

表 8-1　おすすめの GPTs 5 選

■ お問い合わせについて

本書に関するご質問については、本書に記載されている内容に関するもののみ受付をいたします。本書の内容と関係のないご質問につきましては一切お答えできませんので、あらかじめご承知置きください。また、電話でのご質問は受け付けておりませんので、ファックスか封書などの書面か Web にて、下記までお送りください。

なおご質問の際には、書名と該当ページ、返信先を明記してくださいますよう、お願いいたします。特に電子メールのアドレスが間違っていますと回答をお送りすることができなくなりますので、十分にお気をつけください。

お送りいただいたご質問には、できる限り迅速にお答えできるよう努力いたしておりますが、場合によってはお答えするまでに時間がかかることがあります。また、回答の期日をご指定なさっても、ご希望にお応えできるとは限りません。あらかじめご了承くださいますよう、お願いいたします。

問い合わせ先

<ファックスの場合>

03-3513-6181

<封書の場合>

〒162-0846　東京都新宿区市谷左内町 21-13
株式会社 技術評論社　書籍編集部
『GPTs ライフハック』係

< Web の場合>

https://gihyo.jp/site/inquiry/book

カバーデザイン／山之口正和＋中島弥生子（OKIKATA）
本文デザイン、DTP ／ライラック
企画・編集／村瀬光

「ムダ仕事《しごと》」も「悩《なや》む時間《じかん》」もゼロにする
GPTs《じーぴーてぃーず》ライフハック

2024 年 11 月 29 日　初版　第 1 刷発行

著　者　横須賀《よこすか》輝尚《てるひさ》
監　修　灰藤《はいとう》健吾《けんご》
発行者　片岡　巌
発行所　株式会社技術評論社
電話　03-3513-6150（販売促進部）
03-3513-6185（書籍編集部）
印刷／製本　港北メディアサービス株式会社

ISBN978-4-297-14565-1 C0036
Printed in Japan